Mantra

UNSERE BOTSCHAFT DER LIEBE

arkana

INHALT

Ma Gyan Viten gewidmet
1932 – 2016

Namaste

Willkommen

WILLKOMMEN

MIT DIESEM BUCH LADEN WIR DICH IN UNSERE WELT EIN. ES IST EINE WELT DER MANTRAS. SIE UNTERSTÜTZEN, NÄHREN UND TRAGEN UNSER LEBEN SEIT JAHREN, UND ES IST UNS EINE GROSSE EHRE, DAS MIT DIESEM BUCH NUN MIT DIR ZU TEILEN.

Namaste

Wir durften erleben, dass sich im Laufe der Jahre immer mehr Menschen mit uns auf den Weg gemacht haben. Das Interesse am Chanten ist enorm gewachsen. War es zuerst ein Yogastudio mit ein paar Hundert Meditierenden, sind es heute Theater und Festivals auf der ganzen Welt, zu denen Mantra-Begeisterte von überallher kommen, um »im Gesang zu baden«.

Für die Seele ist die Teilnahme an dieser magischen, geradezu schamanischen Praxis ein Geschenk.

Wir haben selbst erlebt, wie durch Mantras mehr Ausgeglichenheit in unser Leben kam, wie sie den Stress und die Ablenkungen eines Lebens zu Beginn des 21. Jahrhunderts verringern.

Unsere »Sangha« ist mittlerweile eine weltweite Community, in der wir als Weggefährten gelernt haben, die Mantras in unser Leben zu integrieren. Wir heißen ihre mystische, heilende Kraft willkommen. Wir teilen sie mit unseren Freunden, Familien und Gemeinschaften und leben sie gemeinsam.

Von Moskau bis Madrid, von Miami bis München, von Tokio bis Tel Aviv, vom San-Quentin-Gefängnis bis nach Sydney ... wo auch immer wir auf unserer Reise Halt machen, stoßen wir auf die gleiche Reaktion, die gleiche Resonanz. Unsere Zusammenkünfte sind Abende des Mitgefühls und der Vergebung. Und innerhalb dieser Schwingung findet das Herz unendlich viel Trost; dies gilt für Musiker und Publikum gleichermaßen. Zusammen singen, zusammen atmen, zusammen in Stille meditieren ... es ist wunderbar, diese Gaben mit der Welt zu teilen.

Wenn wir an den friedvollen Schluss eines Chants gelangen, erfahren wir nicht die tote Grabesstille eines Friedhofs, sondern eine lebendige, schwingungsvolle, ekstatische Stille, die die Kraft hat, unser Leben zu bereichern und uns zu inspirieren.

•○○○○•

WIR HABEN DIESES BUCH VERFASST, UM AUCH DURCH DAS GESCHRIEBENE WORT DIE HEILSAMEN KLANGSCHWINGUNGEN DER MANTRAS WEITERZUGEBEN.

•○○○○•

Das war für uns eine Herausforderung, denn man kann Mantras nur erfahren, indem man an ihnen teilhat.
Wie können wir also ihre Kraft am besten vermitteln, wo wir weder Wissenschaftler noch Pandits, also religiöse Gelehrte sind?
Wir wissen aus Erfahrung, dass Mantras sowohl zum Herzen als auch zum Geist sprechen. Sie ermöglichen eine Erfahrungstiefe, die unseren Verstand weit hinter sich lässt. Ihr jeweiliger Gehalt führt heilsame, wohltuende Eigenschaften mit sich, die sich, wie
jeder Heilimpuls, nur denen erschließen, die einen Schritt auf sie zugehen.
Wir haben zehn Mantras ausgewählt, die uns besonders am Herzen liegen – sie sind uns wertvolle Freunde und Wegbegleiter geworden, und wir hoffen, dass sie dies auch für dich werden. Darüber hinaus wirst du hier einige Geschichten und Lernerfahrungen aus unserem Leben finden sowie verschiedene Meditationstechniken und viele (wirklich viele!) Fotos von unserem Leben auf Reisen. Tritt also ein in das mystische, magische Reich der Mantras. Nimm ihre Kraft in dich auf und binde sie in dein Leben ein.
Öffne dein Herz und deine Stimme und genieße deine gesegnete Reise!

Alles Liebe
– Om Shanti –

Deva & Miten
Mullumbimby, Australien, im Januar 2017

»WENN EIN LIED ZU ENDE IST,
HINTERLÄSST ES IN DER ATMOSPHÄRE EINE
BESTIMMTE QUALITÄT – DIE DER ABWESENHEIT.
SIE IST NICHT MEHR WIE ZUVOR. DIE ATMOSPHÄRE
HAT SICH VOLLKOMMEN VERÄNDERT, WEIL DAS LIED
EXISTIERT HAT UND DANN VERSCHWINDET …
NUN IST DA DIE ABWESENHEIT DES GESANGS.
BEOBACHTE SIE – ALLES SEIN IST VON
DER ABWESENHEIT DES GESANGS ERFÜLLT.
UND DAS IST SCHÖNER ALS JEGLICHER GESANG,
DENN ES IST DER GESANG DER STILLE.«

Osho

AUS: YOGA: THE MYSTERY BEYOND MIND, KAPITEL 7

Deva Premal
Meine Geschichte

ICH LERNTE MITEN 1990 IN INDIEN KENNEN. SEITDEM HABEN WIR KAUM EINEN MOMENT OHNE EINANDER VERBRACHT. WIR FÜHREN EIN NOMADENHAFTES LEBEN.

Deva Premal

Wir wollten nie irgendwo Wurzeln schlagen, und so sind wir während der vergangenen 26 Jahre ununterbrochen um die Welt gereist und haben die Kraft der Sanskrit-Mantras in unseren Konzerten, Workshops, ekstatischen Chant-Retreats und Festivals an andere weitergegeben. In dieser Zeit haben wir in mehr als 40 Ländern gespielt, und wir haben nicht vor, unser Tempo zu drosseln. Die längste Zeit, die wir je an einem Ort verbracht haben, war 1992 in der Toskana. Dort blieben wir sechs Monate, bevor wir weiterzogen.

Auf unseren Reisen haben wir immer Musik und Meditation mit anderen Menschen geteilt. Als wir 1992 Indien verließen, hatte sich unsere Sannyasin-Community in alle Richtungen verstreut, und so wurden wir von einem Meditationszentrum nach dem anderen eingeladen. Wir bekamen immer etwas zu essen und einen Schlafplatz; im Gegenzug haben wir unsere Musik geteilt und sind dann der nächsten Einladung gefolgt. Daran hat sich bis heute nicht viel geändert. Nur kommen mittlerweile mehr Menschen, um mit uns zu singen.

Die Frage, die uns am häufigsten gestellt wird, lautet: »Wo seid ihr zu Hause?« Unserem Lebensrhythmus entspricht es, unterwegs zu sein – unsere Wanderbewegungen führen uns jedes Jahr einmal um die ganze Welt: durch Ost- und Westeuropa, Russland, Australien, die USA, Kanada, Mexiko, und hin und wieder machen wir einen Abstecher nach Asien, Indien oder Südamerika.

WIR FÜHLEN UNS IMMER DORT ZU HAUSE, WO WIR GERADE SIND.

Durch die Musik, die Mantras und die Verbindung zu unserem Guru, Osho, haben wir einen ganz entspannten Rhythmus miteinander und genießen die Gegenwart des anderen so gut wie immer. Wir sind nie weit voneinander entfernt, meistens sogar im selben Raum ... oder im selben Auto, Tourneebus, Zug oder Flugzeug.
Wir wissen, dass das Leben ständig im Fluss ist, daher bleiben wir offen für Veränderungen, für den Fall, dass sich unser Lebensstil eines Tages nicht mehr passend anfühlen sollte. So wie Miten es in einem seiner Songs formuliert hat: »Alles kann passieren, und wahrscheinlich wird es das auch!«
Wir stammen aus unterschiedlichen Ländern, wurden in sehr unterschiedliche Familien hineingeboren, und zwischen uns liegen 23 Jahre. Wie also kam es, dass wir zueinanderfanden und diese Partnerschaft zwischen einem 43-jährigen Engländer und einer 20-jährigen Deutschen entstehen konnte?
Ich wurde 1970 in Nürnberg geboren. Während meiner Kindheit und Jugend hatte ich oft das Gefühl, deutsch zu sein sei weniger »exotisch« als zum Beispiel brasilianisch, schwedisch, indisch (oder selbst englisch!). Doch was das Exotische betrifft, war mir ein Vater gegeben worden, der definitiv nicht typisch deutsch war.
Sein Name war Wolfgang Fries, und er war ein Künstler durch und durch. Es gab keinen Aspekt in seinem Leben, den er nicht selbst gestaltet hatte. Jeder, wirklich jeder Gegenstand in seinem Haus war von ihm bemalt, angepasst oder ganz von ihm angefertigt worden. Er liebte persische Trommelmusik und hatte eine ganz eigene Art, über sich selbst in der dritten Person zu sprechen. Er sagte nie »ich«, sondern immer »Wolfgang« oder »er«, wenn er über sich sprach. Das war mitunter sehr verwirrend – und auch lustig –, wenn er mit Menschen zu tun hatte, die ihn nicht kannten, zum Beispiel, als er einmal einen Diebstahl bei der Polizei anzeigte.
Meinen Vater zog es erstmals in den 50ern und Anfang der 60er zur östlichen Spiritualität hin, noch bevor es im Westen gang und gäbe wurde, einen Guru zu haben oder Yoga zu machen. Er beschäftigte sich intensiv mit Meditation und indischen Weisheitstexten wie den Veden, den Upanischaden und der Bhagavad Gita, lernte Sanskrit und vertiefte sich in die Praxis der Mantras. Er erstellte sich sogar ein eigenes Deutsch-Sanskrit-Wörterbuch, weil er in den Buchläden nirgendwo eins finden konnte. Um nur ein Beispiel für seine Art von Entschlossenheit und Hingabe zu nennen: Viele Jahre lang wanderte er jede Nacht von zwei bis sechs Uhr um die Stadtmauer Nürnbergs und chantete dabei sein Mantra.
Ich habe weder diese Disziplin geerbt noch seine Neigung zur Gelehrtheit, aber was ich durchaus von ihm bekommen habe, ist die Liebe zur Spiritualität des Ostens. Sie hat sich für mich von frühester Kindheit an absolut natürlich angefühlt. Konzepte wie Reinkarnation, Karma, Meditation und Erleuchtung waren ein Teil dessen, wie man mir beibrachte, der Welt zu begegnen – und sie begleiten mich noch heute.

DAS GAYATRI-MANTRA GEHÖRTE SCHON VOR MEINER GEBURT ZU MIR.

Ich werde dir im Laufe dieses Buches noch ein oder zwei weitere Geschichten erzählen, die zeigen, auf welch unterschiedliche Arten er Mantras und Meditation schon früh in mein Leben einbaute und mir einen Zugang zur Spiritualität vermittelte, die den Alltag durchdringt. Das größte Geschenk, das er meinen Geschwistern und mir machte, war, uns in das GAYATRI-Mantra einzuführen – und zwar schon vor unserer Geburt, während der Schwangerschaft meiner Mutter.

Er war der Auffassung, dass das GAYATRI-Mantra das kostbarste Geschenk sei, mit dem er uns auf dieser Welt willkommen heißen konnte, und dass es auf der Reise durchs Leben für uns immer ein Verbündeter sein würde. Wir werden die Bedeutung und die Kraft dieses Mantras etwas später im Buch erläutern, deshalb will ich an dieser Stelle nur sagen, dass es eines der kraftvollsten Mantras überhaupt ist und ich Wolfgang ewig dankbar bin, dass er es an mich weitergegeben hat, noch während ich im Mutterleib war. Später habe ich es mit meinen Eltern jeden Abend vor dem Einschlafen gesungen. Kannst du dir vorstellen, was für ein Segen es für mich war, dass ich das GAYATRI-Mantra dann für meinen Vater singen konnte, als er mit 83 Jahren seinen letzten Atemzug nahm? Dass ich ihm voller Dankbarkeit das GAYATRI-Mantra auf seinen Weg mitgeben konnte, schloss den Kreislauf zwischen uns auf so wunderbare Art und Weise.

Meine Mutter Viten hatte einen vollkommen anderen Hintergrund als mein Vater. Sie war klassisch ausgebildete Musikerin – die Viola da Gamba war ihr Hauptinstrument, hinzu kamen Blockflöte, Cembalo und Klavier.

Sie interessierte sich besonders für europäische Musik des Mittelalters und erlangte in den 1960ern als Teil des Ulsamer Collegiums einige Bekanntheit.

Mit Anfang dreißig traf sie Wolfgang, und dadurch öffnete sich ihr eine ganz neue Welt. Bis dahin war sie der christlichen Kirche sehr verbunden gewesen, hatte Kirchenchöre geleitet und während der Gottesdienste Orgel gespielt. Sie schien nur auf jemanden gewartet zu haben, der sie mit Meditation bekannt machte – vor allem mit Zen und allen Facetten der östlichen Spiritualität – denn sobald sie mit meinem Vater zusammengekommen war, ließ sie sich vollkommen auf den Pfad der Meditation ein, den sie bis zu ihrem Tod im Alter von 84 Jahren nicht mehr verlassen sollte. Obwohl sie es immer wieder versuchten, ist es meinen Eltern nie gelungen, gemeinsam Musik zu machen. Wolfgang liebte es zu improvisieren und auf seiner Tombak zu jammen, während Viten lieber auf herkömmliche Weise ihre klassische Musik nach Noten spielte. Ich bin mir ihrer beider Einflüsse in mir bewusst und für beide sehr dankbar.

JEDEN TAG DREHT DIE SONNE
DEN SCHLÜSSEL IM SCHLOSS,
SOBALD SIE AUS DEM BETT GEKROCHEN.
DAS LICHT STÖSST EINE TÜR AUF,
UND DIE VIELEN SPIELARTEN DER LIEBE
EILEN NACH DRAUSSEN
AUF DAS UNENDLICHE GRÜNE FELD.
MANCHMAL SPIELT DEINE SEELE EINE NOTE
GEGEN DAS HIMMELSOHR, DIE
DIE VÖGEL UND PLANETEN ERREGT.
BLEIB NAH BEI JEDEM KLANG,
DER DICH GLÜCKLICH MACHT,
DASS DU LEBENDIG BIST.

Hafis

Während wir heranwuchsen, schienen mein Bruder Nikolaos, meine Schwester Ilonka und ich immer etwas anders zu sein als andere Kinder. Wir waren Vegetarier, wir hatten zu Hause keinen Fernseher, alle unsere Möbel waren von Wolfgang angefertigt, wir schliefen in harten Betten unter Alpakadecken und so weiter. Wenn ich Klassenkameraden mit nach Hause brachte, schämte ich mich oft etwas dafür, dass wir »nicht normal« waren.

Als ich neun oder zehn Jahre alt war, begann ich mich immer mehr für das Christentum zu interessieren. Ich vermute, das hatte zweierlei Gründe: Erstens war das in der Schule »das Normale«, und zweitens wollte ich vielleicht unbewusst meinen eigenen spirituellen Weg finden. Ich dachte wirklich – und damit lag ich vollkommen falsch –, dass mein Vater es nicht gutheißen würde, wenn ich zum christlichen Gott betete, daher machte ich es eine Zeit lang heimlich. Erst sang ich laut das GAYATRI-Mantra, und dann sagte ich unter meiner Decke das Vaterunser auf, an das ich noch ein eigenes Gebet an den »lieben Gott« anschloss.

•○○○○•

Meine Eltern unterstützten mich bedingungslos.

•○○○○•

Schließlich wollte ich mich sogar taufen lassen, und dafür brauchte ich die Zustimmung meiner Eltern. Als ich sie danach fragte, gaben sie mir von Herzen ihren Segen – das war der Moment, in dem ich begriff, dass sie mich absolut unterstützten, egal wofür ich mich entschied. Damals wusste ich noch nicht, dass Wolfgang auch das Christentum tiefgehend erforscht hatte: Er kannte das Matthäusevangelium auswendig und hatte selbst ein Buch illustriert, in das er das Johannesevangelium in seiner wunderschönen Handschrift geschrieben hatte. Er fertigte auch bemalte Glasfenster an, zwei davon befinden sich in der Lorenzkirche in Nürnberg. Wenn man ganz genau hinsieht, kann man auf den Fenstern das OM-Zeichen entdecken – damit signierte er jedes seiner Kunstwerke.

Als ich elf war, bescherte mir das Leben eine Überraschung: einen indischen Guru. Meine Eltern hatten Osho entdeckt, damals bekannt unter dem Namen Bhagwan Shree Rajneesh, und führten meine Schwester und mich in seine aktiven Meditationen, in seine Gemeinschaft und in seine Welt ein. Weil ich damals kein Englisch sprach, verstand ich nicht, was er sagte, aber ich begriff die Botschaft seiner Augen: Feiere das Leben, sei total, genieße jeden Moment und lebe vor allem voller Liebe und Mitgefühl.

Ich fühlte mich sofort zu den Menschen um ihn herum und zu ihrem Lebensstil hingezogen (wozu unter anderem das Vegetarische zählte). Ich fühlte mich zu Hause. Meine Mutter hatte den Schritt getan und war nach Indien in Oshos Aschram gefahren und seine Anhängerin geworden. Kurze Zeit später fand ich den Mut, ihn zu bitten, mir einen spirituellen Namen zu geben, und wurde das, was er eine »Neo-Sannyasin« nannte. Damals gehörte es für seine Schüler dazu, rote Kleidung und eine Mala mit seinem Bild um den Hals zu tragen. Dadurch hob ich mich noch deutlicher von meinen Klassenkameraden ab – es war offensichtlich nicht meine Bestimmung, mich einzufügen.

Osho gab mir den Namen Deva Premal, was »göttliches Lieben« bedeutet. Ich liebe die Liebe. Ich liebe die liebevolle Verbindung zu Menschen, Tieren, der Natur, und ein paar Mal habe ich einen Eindruck davon bekommen dürfen, wie sich »göttliche Liebe« tatsächlich anfühlt. Der Name ist selbst wie ein Mantra. Jedes Mal, wenn mich jemand mit meinem Namen Deva Premal anspricht, versetzt dieser Klang mein Sein in Schwingung und erinnert mich an meine wahre Essenz. Ich ging zur Schule, bis ich mit 19 Jahren mein Abitur machte, doch meine freie Zeit verbrachte ich weitgehend in dem nahegelegenen Osho-Meditationszentrum. Ich liebte Oshos dynamische Meditationen und übte sie sehr regelmäßig aus. Als ich mit der Schule fertig war, ging ich nach Indien und lebte in Oshos Aschram in Pune. Für mich wurde damit ein Traum Wirklichkeit. Ich habe mich schon immer fürs Heilen interessiert, und ich liebe Berührung, also zog es mich im Aschram ganz natürlich zu den unterschiedlichen Arten der Körperarbeit. Ich lernte verschiedene Massagetechniken, Shiatsu, Fußreflexzonenmassage und Cranio-Sacral-Therapie.

„Go lightly on this fragile earth, we are all strangers on

this shore ..." Miten – Native Son

Auch zog es mich in die Natur, ich umgab mich gern mit Pflanzen und war deshalb dankbar, dass ich mich um einen Teil der Gärten des Aschrams kümmern durfte. Aber vor allem liebte ich die Musik und das Tanzen, und für mich war es jeden Tag das Schönste, am Abend zusammen mit Tausenden anderer Aschrambesucher in der »Buddha Hall« zu singen und zu tanzen. Die Musik führte uns entweder zu höchsten Ekstasen des Feierns oder in die Tiefen der Meditation. Während des Tanzens und Singens wurde nicht gesprochen. Es war Gottesdienst, Gebet, Meditation. Und an dieser Stelle trat Miten in mein Leben ... er war der musikalische Koordinator des Aschrams und war für die Musik zuständig, die bei den allabendlichen Versammlungen zur Meditation gespielt wurde. Er sang dabei seine eigenen Songs – die ich über alles liebte – oder spielte mit seiner Band meditative Instrumentalmusik.
Viele Synchronizitäten spielten bei unserem Zusammenkommen eine Rolle, und nachdem ich ihn eingeladen hatte, in meinem Shiatsu-Kurs mein Übungsmodell zu sein, begann unsere gemeinsame Reise in diesem Leben. Obwohl wir altersmäßig und von unserem Hintergrund her so unterschiedlich waren und nie erwartet hätten, dass so etwas passieren könnte: Sobald wir zueinandergefunden hatten, verbrachten wir so ziemlich jeden Moment miteinander. Zu Beginn unserer Beziehung sang ich einfach wie alle anderen bei den kommunalen Events mit. Damals hätte ich gelacht, wenn mir jemand gesagt hätte, dass irgendwann mal Menschen extra kommen würden, um mit mir zu singen. Obwohl es in meiner Kindheit und Jugend viel Musik gegeben hatte, inklusive Klavier-, Geigen- und Gesangsunterricht sowie Musiktheorie, hatte ich nie ein besonderes Talent an den Tag gelegt oder die Disziplin gehabt zu üben (was bis heute noch der Fall ist). Ich liebte das Singen und konnte den Ton halten, aber das war es eigentlich auch schon.

MITEN LIEBTE ES, WENN UNSERE STIMMEN MITEINANDER VERSCHMOLZEN.

Da Miten und ich ständig zusammen waren, kam der Moment, in dem ich meine Scheu überwand und ihn bat, sich einmal meine Stimme anzuhören. Ich dachte, dass ich vielleicht seine Back-up-Sängerin sein könnte. Ehrlich gesagt, ging es mir vor allem darum, dass wir dann auch gemeinsam kreativ sein und somit noch mehr Zeit miteinander verbringen könnten. Zum Glück erkannte er mein Potenzial und mochte es, wenn unsere Stimmen miteinander verschmolzen. Er nahm mich unter seine Fittiche und lehrte mich, wie man mehrstimmig singt. Er brachte mir auch die Grundlagen dessen bei, wie man die Lieder erspürt – wie man ihre Seele zum Vorschein bringt –, wie man mit dem Mikrofon umgeht und vor allem wie man die Stille zwischen den Noten wahrnimmt. In der Meditationshalle befanden sich die Musiker am hinteren Ende, sodass sie während der abendlichen Meditationen im Rücken der Teilnehmer spielten; auf diese Weise waren wir alle eingeladen, die Musik als Unterstützung für uns zu erfahren, um zu meditieren und in uns zu gehen. Diese Anordnung verhinderte jegliche Haltung von »Seht her, was für ein toller Musiker ich bin«. Es war Musik ohne Ego, Musik im Dienste der Meditation. Für mich war es das perfekte Umfeld, in dem ich meine ersten Schritte als Musikerin von andächtiger Musik machen konnte, und bis heute fühle ich die gleiche Verantwortung gegenüber den Menschen, die kommen, um mit uns zu singen. In diesen Momenten sind wir alle ganz offen und verletzlich, oft haben wir die Augen geschlossen, und ich empfinde es als große Ehre, dass mir anvertraut wird, eine solche Stille mit Musik zu füllen.

Damals waren Mantras noch nicht Teil unseres Lebens. Ich hatte sie zuletzt gesungen, als ich zehn oder elf war, und hatte sie als etwas zurückgelassen, das zu den Gepflogenheiten meiner Eltern gehörte. Ich habe meine eigene Verbindung zu ihnen damals nicht gefühlt. Osho war nicht traditionsgebunden und maß den Mantras kein großes Gewicht bei, und so schlummerte ihr Same zunächst in mir weiter.

„... drop the baggage,

travel light, we,ve got a long road ahead and we'll
be moving day and night ... "Miten

DIE VÖGEL SIND IN DIE FREIHEIT GEFLOGEN.
DER KÄFIG IST LEER. DEINE FROHEN LIEDER FÜHREN
MIR DEN DUFT DES HIMMELS ZU. BITTE HÖRE
NICHT AUF ZU SINGEN.
Rumi

Nachdem Osho seinen Körper verlassen hatte, reisten Miten und ich die folgenden sieben Jahre in unserem kleinen Bus durch Europa und gaben die Musik und die Lieder weiter, die wir aus unserer Zeit in Indien in uns trugen. Wir spielten vor allem in Oshos Meditationszentren und waren ungemein dankbar, dass wir Teil einer solch wunderbaren Gemeinschaft Gleichgesinnter waren ... Damals bestand unser Repertoire aus Liedern wie »White Cloud White Swan«, »So Much Magnificence«, »Sunrise«, »Fly High« und »Draw Near«, und sie zählen noch heute zu unseren Lieblingsstücken auf Konzerten. Ich war sehr schüchtern und befangen, was meine Singstimme betraf. Ich liebte es, als Back-up für Miten aufzutreten, aber mir fehlte der Mut, meiner Stimme mehr Raum zu geben; zusammen mit ihm zu singen gab mir Geborgenheit. Ich fand unser Leben wunderbar und liebte auch die Musik, die wir spielten, aber noch hatte ich nicht zu meiner Stimme oder »meinem Lied« gefunden.

Das sollte sich an jenem schicksalhaften Tag beim Osho Leela Festival im englischen Dorset ändern, als ich zufällig etwas hörte, das wie ein Mantra klang.

Ich horchte auf und konnte es kaum glauben ... es war das GAYATRI-Mantra. Irgendjemand sang da genau die Worte, die mir so vertraut waren und mit denen ich aufgewachsen war. Ich hätte nicht gedacht, dass jemand anders sie auch kannte!

Ich hatte keine Ahnung, dass es weltweit wohl das bekannteste und meistgesungene Sanskrit-Mantra war. Sobald ich anfing, das GAYATRI-Mantra zu singen, fiel alle Schüchternheit von mir ab. Es fühlte sich ganz natürlich und leicht an.

Ich war zu Hause. Auch Miten erschloss sich sofort die Tiefe und Kraft des GAYATRI, und je mehr wir uns für die Mantras öffneten, desto mehr strömten sie auf uns ein. Sie waren das fehlende Puzzlestück in unserem Leben.

SOBALD ICH ANFING, DAS GAYATRI-MANTRA ZU SINGEN, FIEL ALLE SCHÜCHTERNHEIT VON MIR AB.

Wir begannen, die Mantras bei unseren Konzerten zu singen, und stellten fest, dass sie auch bei den Menschen, die kamen, um mit uns zu singen und zu meditieren, starken Widerhall fanden.

Nach einiger Zeit war ich bereit, die erste Handvoll Mantras auf CD herauszugeben. Wir beschlossen, sie in der Wohnung meiner Eltern aufzunehmen – wo ich geboren und tatsächlich durch das Mantra auf diesem Planeten willkommen geheißen worden war.

Wir nannten die CD »The Essence« und waren überrascht, mit welch großer Begeisterung sie aufgenommen wurde – weit mehr, als wir uns je hätten träumen lassen. Bald erreichten uns Bestellungen aus der ganzen Welt, und wir entdeckten, dass es in den USA eine große Community von Yoga-Anhängern gibt, die unsere Art und Weise, wie wir die Mantras vertont hatten, willkommen hießen.

DURCH DIE MANTRAS HABEN WIR SO VIELE FREUNDE ÜBERALL AUF DER WELT GEFUNDEN.

Seitdem haben wir viele CDs aufgenommen – einige mit Mantras, einige mit den Liedern von Miten – und haben viele weitere Freunde auf der ganzen Welt gefunden. Durch die CDs und unsere Zusammenkünfte zum Chanten haben wir viele wundervolle und inspirierende Verbindungen geknüpft. Wir wurden sogar eingeladen, für den Dalai Lama zu spielen, und Cher bat uns um die Erlaubnis, unsere Fassung des GAYATRI-Mantras bei ihrer Welttournee im Jahr 2002 singen zu dürfen. Wir singen mit vielen Tausenden Menschen auf der ganzen Erde und fühlen uns rundum gesegnet.

In den Jahren 2013 und 2014 haben wir die Mantras in den Cyberspace getragen: Wir haben jeweils eine Meditationsreise von 21 Tagen online angeboten. Dabei handelte es sich um ein Audioprogramm, das jeden Tag ein anderes Mantra in den Mittelpunkt stellte, kombiniert mit einer angeleiteten Meditation zu dem jeweiligen Mantra und der Erfahrung, es tatsächlich zu singen und zu chanten. Über 200.000 Menschen auf der ganzen Welt haben an dieser Erfahrung teilgenommen.

Das vorliegende Buch basiert auf diesen beiden Mantra-Meditationsreisen, und wir sind dankbar, dass wir die Kraft der Mantras und die Liebe, die durch ihre Präsenz im Leben vieler Menschen geweckt wurde, auf diese neue Art und Weise mit anderen teilen können.

Miten

Meine Geschichte

Ich wurde 1947 in England geboren, inmitten der Trümmer und der traumatischen Nachwirkungen des Zweiten Weltkriegs. Mein Vater hatte diesen Krieg gerade so überlebt wie sein Vater den Ersten Weltkrieg, der in England oft der »große Krieg« genannt wird. Diese beiden Männer und ihre Generationen durchlebten Zeiten, die zu den dunkelsten der Menschheitsgeschichte gehören. Den Angehörigen dieser Generation mangelte es an Neugier, und das ist nicht weiter verwunderlich. Nachdem meine Mutter und mein Vater den »Blitz«, die deutschen Bombenangriffe auf London, überstanden hatten, wollten sie nur noch eines: ein ruhiges Leben. Sie scharten ihre Kinder um sich, schlossen die Türen und atmeten tief durch. Wer könnte es ihnen verdenken?

Doch in jener dunklen Zeit erblickte eine neue Generation das Licht der Welt. Wir waren die Kriegskinder. Wir wurden zur richtigen Zeit geboren und waren bereit für eine neue Ära, eine neue Wirklichkeit. Mitte der 50er-Jahre war der Rock'n'Roll mit Pauken und Trompeten am grauen Himmel Englands aufgezogen.

**TOTALLY WILD,
ABSOLUTELY FREE**

Before I tell my story
Before I sing my song
Better you know where I'm coming from
I'm coming from the world of Osho
It's a meeting place of friends
I'm coming where the heartbeat
never ends

Miten

**VOLLKOMMEN WILD,
ABSOLUT FREI**

Bevor ich meine Geschichte erzähle
Bevor ich mein Lied singe
Solltet Ihr wissen, wo ich herkomme
Ich komm' aus Oshos Welt
Dort treffen sich viele Freunde
Ich komm' von dort, wo das
Herz ewig schlägt

Als Erstes kamen Bill Haley And His Comets. Deren Hit »Rock Around the Clock« bescherte mir meine erste religiöse Erfahrung. Ich war sechs Jahre alt ... dieser Klang ... die Energie, die sich übertrug ... all das regte jenen kleinen weißen Jungen zum Träumen an.

Und dann, eines heiligen Tages, teilten sich die Wasser, Donner grollten, und Blitze erhellten den Himmel – und Elvis war da, in all seiner Pracht! Wirklich, ich übertreibe nicht – mit Elvis wurde alles anders. Ich erinnere mich noch heute an die unerhörte Musik ... strahlende Stars wie Jerry Lee Lewis, Little Richard und Buddy Holly brachten meine junge Welt ins Wanken. Für unsere unvorbereiteten englischen Ohren klang es so, als kämen sie von einem anderen Planeten.

Meine Eltern führten ein Pub, somit war meine Kindheit – vollkommen anders als die von Deva – nicht von Mantras, Sanskrit-Texten oder Zen-Anekdoten bestimmt, sondern von Jukeboxes, Zigarettenrauch und Menschen, die fröhlich und betrunken waren.

Meine Mutter saß abends am Klavier und sang dazu, die Gäste scharten sich um sie und sangen mit ihren betrunkenen Stimmen lauthals ihre Freude, ihre Niederlagen und ihre Trauer heraus. Ich war der kleine Junge, der in der Ecke des Raums stand, die Augen vom Zigarettenqualm gerötet, und alles in sich aufsog. Vielleicht kam es durch den Alkohol, aber wie auch immer, es herrschte da eine besondere Atmosphäre. Ich sah, dass Menschen zusammenkamen, um zu singen. Ich sah ihre Tränen, hörte ihre rührseligen Melodien und sah, dass meine Mutter im Zentrum dieses emotionalen Wirbelsturms stand.

Später hatte ich dann meine erste richtige Musikstunde, bei der ich am Schlagzeug saß. Ich werde nie das großartige Roy Marsh Trio (mit Klavier, Kontrabass und Schlagzeug) vergessen. Sie spielten die damals gängigen Stücke, und jedes Wochenende stand ich unweigerlich neben der Bühne, schaute und hörte zu, rieb mir meine vor Müdigkeit geröteten Augen und wartete geduldig auf das Ende des Abends, wenn mein Held Roy mich auf seinen Schlagzeughocker setzen und mir seine magischen Drumsticks reichen würde, um mich durch Trommelwirbel und Paradiddles zu geleiten. Elvis war eine andere Liga. Seine Musik war beispiellos: »Hound Dog«, »All Shook Up«, »Don't be Cruel«. Ich empfand sie als unglaublich befreiend.

ICH EMPFAND SEINE MUSIK ALS UNGLAUBLICH BEFREIEND.

Als ich klein war, drehte sich für mich alles um Fußball. In unserer Familie wurde er verehrt. Hier konnte ich meiner Kreativität am besten Ausdruck verleihen. Stundenlang spielte ich mit dem Ball. Er war mein bester Freund und verschaffte mir unter Altersgenossen Anerkennung, als meine Eltern immer wieder das Pub wechselten, von einer Stadt in die nächste zogen und mich immer wieder auf eine neue Schule schickten. Für gewöhnlich verzog ich mich mit meinem anderen besten Freund Laddie, unserem Jack Russell Terrier, in einen nahegelegenen Park, und während Laddie an Bäumen schnüffelte oder hinter anderen Hunden herjagte, feilte ich an meinen fußballerischen Fähigkeiten. Dieses Können brachte mich eines Tages in das Auswahlverfahren für die großen Klubs. Ich kam nirgendwo in die nächste Runde. Ich hatte zwar das nötige Können, aber nicht genug Kampfgeist – kein »Feuer im Bauch«, so wurde mir gesagt. Dennoch hat mich der Fußball einiges fürs Leben gelehrt. Ich lernte, wie man sich engagiert und Teil einer Mannschaft ist. Ich lernte, dass Verlieren zum Leben dazugehört und dass es immer ein nächstes Spiel gibt, auf das man sich freuen kann. Und ich lernte, mich ganz auf eine Sache zu konzentrieren und die Ziele, die ich mir selbst gesteckt hatte, zu verfolgen. Aber vor allem lehrte der Fußball mich die große Kunst des Teilens.

Ich ging so bald wie möglich von der Schule ab. Als Erstes wurde ich Laufbursche in einer Brauerei. Ich war 15 und brachte selbst verdientes Geld nach Hause. Das fühlte sich großartig an … ich war ein Mann!

Ich war unabhängig, kam für mich selbst auf und gab mein eigenes Geld aus – meistens für Kleidung und Schallplatten, immer auf der Suche nach jenem magischen Sound meiner Kindheit. Für die Popmusik war es in England keine gute Zeit. Elvis war weg, wir hatten ihn an die US-Armee verloren. Buddy Holly und Eddie Cochran sangen mittlerweile mit den Engeln. Der Rock'n'Roll war ein schlafendes Ungeheuer, untätig, darauf wartend, aus seinem Schlummer geweckt zu werden ... Aber von wem und wo?

TIEF IN MIR SPÜRTE ICH EINE GLUT.

Die Antwort war – ausgerechnet – Liverpool. Eines Tages – ich erinnere mich noch genau an den Moment – war ich auf dem Weg in die Brauerei und hielt mir mein Radio ans Ohr, da hörte ich IHN. Den Sound, auf den ich gewartet hatte: die Beatles. Sie sangen »Love Me Do«, ihre erste Single.

Die Musik war ungeschminkt und gefühlvoll und bewegte mich zum ersten Mal wieder so, wie es Elvis getan hatte. Es war geradezu merkwürdig, so absolut anders als alles, was es sonst gab. Als ich an jenem Morgen in der Arbeit ankam, war ich durcheinander, aufgeregt und verwandelt. Später im gleichen Jahr spielten die Beatles in meiner Stadt. Es war bloß eine von vielen Stationen auf ihrer endlosen Tournee Anfang der 60er-Jahre. Ich ging hin. Ich war, wie immer, allein. Aber während ich dort im Dunkeln saß, spürte ich tief in mir eine Wärme, eine Glut. Damals wusste ich nicht, wie ich dieses Gefühl nennen sollte, aber heute kann ich es: Ich empfand Freude.

Es war, noch bevor die »Beatlemania« die Welt erfasste, aber wir jungen Leute, wir erkannten jenes unbeschreibliche Etwas, und durch die vier jungen Rocker aus Liverpool kam Licht in unser Teenagerleben. Ich tauschte meine blauen Wildlederschuhe und die Lederjacke gegen Beatles-Schuhe und eine Beatles-Jacke ein – ich war bereit. Es sollte bis zu meiner Begegnung mit Osho dauern, bis ich die gleiche intensive Freude wieder empfand.

„In wonder, I stand in wonder at the miracle of you ..."
Miten – In Wonder

Im Zuge all dessen blieb das Fußballspielen auf der Strecke – genau wie die Hoffnung meines Vaters, sein Sohn würde erreichen, was ihm nicht gelungen war. Ich zog von zu Hause aus, unter dem Arm die Gitarre, die mir meine Eltern geschenkt hatten, als sie sich dem Unvermeidlichen fügten. Meine ersten Auftritte hatte ich in den Folk Clubs von Nordengland. Ich tat mich mit meinem Kumpel aus Schulzeiten Richard Garrett zusammen und übte mithilfe von Aufnahmen der Beatles sowie amerikanischer Folk- und Bluesmusik. Eines Tages gelang uns der Durchbruch. Ein Plattenproduzent hörte uns im Marquee Club in der Londoner Wardour Street spielen und ließ uns an Ort und Stelle einen Plattenvertrag unterzeichnen. Wir nahmen unsere erste Platte im gleichen Studio auf wie die Rolling Stones und die Moody Blues. Der helle Wahnsinn! Später lernte ich die Kinks kennen, freundete mich mit ihnen an, und irgendwann nahm ich unter ihrer Führung mein erstes Soloalbum auf. Allmählich machte ich mir in der Musikbranche einen Namen als allein auftretender Singer-Songwriter, und die damals erfolgreichen Rockbands engagierten mich für ihr Vorprogramm.

So ging ich mit ihnen auf Tour, mit dabei meine zwölfsaitige Gitarre, eine Reihe von Songs und große Hoffnungen. Den Höhepunkt bildeten für mich sechs Abende in der Wembley Arena, wo ich vor dem Auftritt von Fleetwood Mac spielte. Dort, unter dem gleißend hellen Licht der Scheinwerfer und mit einer Anlage, deren Klangkraft mich umhaute, sang ich meine Lieder. Es gab kein Entrinnen. Im Rückblick war es mein erstes Meditationserlebnis. Das verdanke ich Fleetwood Mac.

ICH WUSSTE, DASS ES NOCH MEHR GAB, NUR WUSSTE ICH WEDER, WAS ES WAR, NOCH, WO ICH DANACH SUCHEN SOLLTE.

Aber im Grunde war es das Ende meiner Karriere als Rockmusiker. Ich hatte Plattenverträge unterzeichnet, Alben herausgebracht, mich im Radio gehört und im Fernsehen gesehen, war durch Europa getourt, hatte meine eigene Band gehabt, Drogen genommen, viel Sex gehabt, hatte geheiratet, war sogar Vater eines Sohnes geworden … Aber all das ergab keinen rechten Sinn. Ich wusste, dass es noch mehr gab, nur wusste ich weder, was es war, noch, wo ich danach suchen sollte.

Einmal wurde ich dem großen Rock'n'-Roll-Star Jerry Lee Lewis vorgestellt. Mann, dieser Moment war regelrecht angsterregend. Wir wurden in seiner Garderobe miteinander bekannt gemacht, ich Kaugummi kauend, mit Sonnenbrille und in meiner Tarnung … während Jerry Lee aus der Whiskeypulle trank.

Nachdem wir ein paar Worte gewechselt hatten, blickte mir Jerry Lee in die Augen und sprach jene denkwürdigen Worte, die ich nie vergessen habe. Ohne Ironie oder Bosheit sagte er: »Du hast noch einen weiten Weg vor dir, Junge.«

Das war meine erste Zen-Erfahrung. Es stimmte, ich hatte eindeutig zu wenig Lebenserfahrung, und unter den Jeansklamotten war ich bloß ein Schaf, das sich als Wolf verkleidet hatte. Jerry Lee hatte das sofort durchschaut.

•••••

UNTER DEN JEANS-KLAMOTTEN WAR ICH BLOSS EIN SCHAF, DAS SICH ALS WOLF VERKLEIDET HATTE.

•••••

Mein Auftritt mit Fleetwood Mac fiel zeitlich mit Dingen zusammen, die sich zu meinem Zusammenbruch auswachsen sollten. Ich war verloren. Ich verließ meine Familie – ließ meine Frau und meinen Sohn einfach im Stich – und merkte dann, dass es kein Zurück gab. Ich hatte mich selbst ausgeschlossen. Ich versuchte, wieder zu ihnen zu finden, aber es war zu spät, der Schaden war bereits angerichtet. Ich musste mich meinen Handlungen stellen und volle Verantwortung für mich übernehmen. So durchlebte ich etwas, das mein Leben verändern sollte. Ich war in stürmischer See ausgesetzt, in einem lecken Boot, richtungslos, ohne Paddel. Meine Familienwerte waren zerrüttet und zerstört. Das sind die Momente, von denen Osho spricht: wenn es kein Entrinnen vor dir selbst gibt. Es war ein Übergangsritual, auf englische Art und Weise. Ich war nie in Versuchung, aus dem Boot zu springen, aber ich wusste, dass ich in großen Schwierigkeiten steckte. Ganz tief in mir wusste ich, dass ich alles überstehen würde, aber ich wusste nicht wie.

Meine »zweite Chance« bekam ich, als mir ein Freund ein Buch mit Zen-Geschichten lieh. Es hieß »Kein Wasser, kein Mond« (No Water, No Moon) und war von Bhagwan Shree Rajneesh (später Osho genannt). Es führte mich auf einen völlig neuen Weg. Das Buch knackte mich förmlich auf. Es fühlte sich an, als spräche der Meister unmittelbar zu mir. Im Herzen wusste ich, dass seine Worte der Anfang einer Pilgerreise waren. Aus dem Zusammenbruch war ein Durchbruch geworden. Meine Suche hatte begonnen. Ich verkaufte all meine Gitarren und machte mich auf den Weg, um zu lernen, wie man meditiert. Osho gab mir einen neuen Namen. Ohne meine Geschichte zu kennen, nannte er mich Prabhu Miten, was auf Sanskrit »Freund Gottes« bedeutet. Er konnte es nicht wissen, aber als ich zu ihm kam, hatte ich auf der ganzen Welt keinen einzigen Freund. Und genau wie Jerry Lee erkannte er mein Innerstes. Der Unterschied war jedoch der, dass Osho sich kümmerte. Er wusste, dass es für mich in meinem neuen Leben zunächst darum ging, mich mit mir selbst anzufreunden – und mit meiner eigenen »Göttlichkeit« in Verbindung zu treten. Von dem Moment an habe ich nie zurückgeschaut.

•••••

OSHO NANNTE MICH PRABHU MITEN, WAS AUF SANSKRIT FREUND GOTTES BEDEUTET.

•••••

SECOND CHANCE

I hung my hat on a wishing tree
I asked for one wish –
I could've had three
But I only asked for what I needed

I could've asked for money,
riches and wealth
But all I really wanted was
to find myself
Unaccustomed as I was
to seeking

And my heart whispered inside
And the moon rose and
the angels sighed
And they said:

Here comes your second chance
and you better believe it,
open up and receive it
Here comes your second chance,
take a deep breath
This is your second chance

Make peace with
your mother, your father too
Make peace with
the stranger inside of you
And forgive yourself for
the things you tried and
failed to do
Embrace your anger,
your lust and your greed
That's how we drop
the things that we don't need
Pick up a musical instrument,
go out and plant a seed

That was my heart,
whispering inside
Welcome she said
you're home and dry

Here comes your second chance
and you'd better believe it
Open up and receive it
Here comes your second chance,
take a deep breath!
This is your second chance

The years went by and
my wish came true
And I find myself here with you
I had to climb a mountain
There was no way around it
We all come and go like
waves in the sea
Each with our own responsibility
To leave this world more
beautiful than we found it

And that's your heart
whispering inside
You can trust your heart,
you know
It never lied!

Here comes your second chance and
you'd better believe it,
Open up and receive it
Here comes your second chance, take
a deep breath!

This is your second chance

ZWEITE CHANCE

Ich kam zu einem Baum der Wünsche
Bat um einen freien Wunsch –
und hätte drei haben können
Doch ich bat nur um das, was ich brauchte

Ich hätte Geld, Besitz und
Reichtum erbitten können
Doch ich wollte nur mich selbst finden
So ungeübt wie ich im Suchen war

Und mein Herz flüsterte in mir
Und der Mond ging auf,
die Engel seufzten
und sagten:

Hier kommt deine zweite Chance,
glaube fest daran
Öffne dich und empfange sie
Hier kommt deine zweite Chance,
atme tief durch
Dies ist deine zweite Chance

Schließe Frieden mit deiner Mutter
und auch deinem Vater
Schließe Frieden mit
dem Unbekannten in dir selbst
Und vergib dir für Versuche,
an denen du gescheitert bist
Nimm deine Wut, deine Lust
und deine Gier an
So trennen wir uns von Dingen,
die wir nicht brauchen
Lerne ein Musikinstrument,
geh hinaus und säe einen Samen

Das war mein Herz,
das in mir flüsterte Willkommen,
sprach es, du bist zu Hause,
im Trockenen

Hier kommt deine zweite Chance,
glaube fest daran
Öffne dich und empfange sie
Hier kommt deine zweite Chance,
atme tief durch
Dies ist deine zweite Chance

Die Jahre vergingen und mein
Wunsch wurde wahr
Und nun bin ich hier mit euch zusammen
Ich musste einen Berg besteigen
Kein Weg führte daran vorbei
Wir alle kommen und gehen wie
die Wellen im Meer
Jeder hat die Aufgabe,
diese Welt schöner zurückzulassen,
als wir sie vorfanden

Und das ist dein Herz, das im Innern flüstert
Du kannst deinem Herzen trauen
Es hat noch nie gelogen!

Hier kommt deine zweite Chance,
glaube fest daran
Öffne dich und empfange sie
Hier kommt deine zweite Chance,
atme tief durch

Dies ist deine zweite Chance

Taylor

DIE VERBINDUNG ZWISCHEN MEISTER UND SCHÜLER IST HÖCHST MYSTERIÖS. SIE HEBT WAHRHAFTIG RAUM UND ZEIT AUF.

Ein Schüler zu werden war meine »zweite Chance«. Ich war absolut bereit dafür; ich war in jeder Hinsicht nackt und ungeschützt. Ich erwachte aus einem Schlaf, der 33 Jahre gewährt hatte, und stürzte mich ins Leben. Durch Oshos Meditationstechniken, das Leben und die Mitwirkung in seiner Gemeinschaft lernte ich, mich innerlich zu entspannen, ich lernte, wie man richtig atmet und wie der Atem Energie erzeugt. Ich fand wieder zum Lachen zurück ... zum richtig tiefen Lachen aus dem Bauch heraus, bis mir die Seiten wehtaten und mir die Tränen kamen ... Tränen der Trauer, des Kummers und des Loslassens. Und ich lernte auch, mich in der Gegenwart meiner Seelenschwestern zu entspannen. Ich lernte, ihnen in die Augen zu blicken und ihre wunderschöne Rätselhaftigkeit zu respektieren.

Es war genau die Art von spirituellem Boot Camp, um das ich gebeten und das ich erhofft hatte. Irgendwann kam ich an den Punkt, an dem ich mich erneut mit meiner Muse verbinden konnte. Zum ersten Mal seit vielen Jahren nahm ich wieder eine Gitarre in die Hand.

I CAN HEAR YOUR MUSIC

I can hear your music
I can hear your song
As wild and free
As the child in me
So clear, so strong
I can hear your music
I can hear your song
Sweeter than the sound of the rolling river
So clear, so strong

ICH HÖRE DEINE MUSIK

Ich höre deine Musik
Ich höre dein Lied
So wild und frei
Wie das Kind in mir
So klar, so stark
Ich höre deine Musik
Ich höre dein Lied
Lieblicher als das Rauschen des Flusses
So klar, so stark

NATIVE SON

Go lightly on this fragile earth
We are all strangers on this shore
Remember what your life is worth
And what it was we came here for
And hidden deep without our hearts
There's a light that shines on everything
On the right and the wrong and the
weak and the strong
On the prayers and the songs
that we sing

Go lightly on this precious land
We're part of everything we see
We're the teardrop on the ocean
We're the wind that whispers in the trees
The wind that cries in holy rage
And the deeds and the damage
we have done
For how little we care for
the life that is there
Go lightly, my native son

Go lightly on this sacred earth
Go lightly on your way
You are among the ones who
took a second birth
And we are blessed more than
words can ever say
Maybe sometimes your
heart is broken
But it's nothing that love
cannot repair
So with the gifts that
you bring

Remember one thing:
It's the love for yourself
that you share

ERDENSOHN

Bewege dich leichten Fußes auf
dieser zerbrechlichen Erde
Wir alle sind Fremde an diesen Gestaden
Bedenke, was dein Leben wert ist
und aus welchem Grund wir herkamen
Unsichtbar, tief in unserem Herzen
gibt es ein Licht, das auf alles scheint
Auf Recht und Unrecht,
auf das Schwache und das Starke
Auf die Gebete und die Lieder,
die wir singen

Bewege dich leichtfüßig
über dieses kostbare Land
Wir sind ein Teil von allem, was wir sehen
Wir sind die Träne im Ozean
Wir sind der Wind, der in
den Bäumen flüstert
Der Wind, der in heiligem Zorn aufheult
Um die Taten und das Unheil, das
wir angerichtet haben
Darum, wie wenig wir uns um
all das Leben kümmern
So bewege dich leichtfüßig,
mein Erdensohn

Bewege dich leichtfüßig auf
dieser heiligen Erde
Geh leichten Fußes deines Wegs
Du bist einer derer, die
wiedergeboren wurden
Und wir sind mehr gesegnet,
als Worte es jemals sagen können
Vielleicht bricht dir manchmal das Herz
Aber es gibt nichts, das Liebe nicht heilen kann

So gedenke bei all den Gaben, die du bringst
dieser einen Sache: Es ist die Liebe
zu dir selbst, die du mit anderen teilst

„Blessed you and blessed me.

Blessed this excellent company. Bless the extended family
on the road to freedom ..." Miten – Freedom Road

Ich schloss mich der Musikgruppe des Aschrams an – zunächst etwas zaghaft, da es für mich so viel zu lernen gab. Diese Musiker waren anders als alles, was ich in meiner vorherigen Inkarnation erlebt hatte. Ich war voller Hochachtung für sie. Sie spielten aus purer Freude daran, etwas zu erschaffen – ohne Ehrgeiz, ohne großartige Träume, sondern es war einfach ein egofreies Mitwirken und eine tiefe Dankbarkeit gegenüber dem Meister.

Ihre Lieder waren Lieder der Erlösung, der Freude und der ekstatischen Vereinigung. Ganz allmählich tastete ich mich dort hinein, und nach einiger Zeit wurde mir klar, dass ich der Community etwas Eigenes zu bieten hatte. Zuvor hatte ich Gemüse geschnipselt und die Fußböden sauber gemacht ... nun wurde ich eingeladen, mit anderen Musik zu teilen.

Die Beziehung zwischen einem Meister und seinem Schüler wird oftmals falsch verstanden. Einer gängigen Fehlvorstellung zufolge handelt es sich um ein Verhältnis von Meister/Sklave, Leitfigur/Anhänger oder Lehrer/Schüler – aber keiner dieser Begriffe trifft die Beziehung, die ich zu Osho hatte. Wie konnte es einen Lehrer geben, wenn es gar kein Dogma, keine festen Lehrsätze gab? Denn das war es im Kern: kein Guru, keine Richtungsvorgabe, kein Weg, keine Lehre. Ich wurde herausgefordert, meinen Weg selbst zu finden und mir selbst zu vertrauen.

ICH WURDE HERAUSGEFORDERT, MEINEN WEG SELBST ZU FINDEN UND MIR SELBST ZU VERTRAUEN.

Seitdem bin ich Osho spirituell und emotional aufs Engste verbunden. Allmählich verschwanden die Schuldgefühle darüber, dass ich meine Familie verlassen hatte, und ich fand Heilung. Ich stürzte mich in die Meditation, und dies ebnete allmählich einer neuen Beziehung zu meinem geliebten Sohn Sam den Weg. Dank Osho sind Sam und ich heute gute Freunde, und Sam hat mir drei wahnsinnig niedliche Enkel geschenkt: Dylan Jack, Mylo Miten und Ryley.

Heute ist es für mich offensichtlich, dass ich in eine Schule der Mysterien hineingestolpert war, in der alle Logik unwichtig und aufgehoben war. Es war kein Ort, an dem man herumjammerte und sich über das, was einem das Leben zugeteilt hatte, beschwerte. Ich ließ mich einfach in das Chaos von Oshos Welt fallen und stieß auf keine Grenzen, keine Regeln, keine Fragen, sondern fand bloß eine Einladung. Die Einladung, das Leben auf verantwortungsvolle Weise zu leben, voller Güte, Mitgefühl und erfüllt von tiefer Dankbarkeit. Ich hatte mich lange genug auf den Schlachtfeldern getummelt. Es gibt da diesen Spruch: Alle werden älter, aber nicht jeder wird erwachsen. In Oshos Aschram wurde ich erwachsen.

Ich war gar nicht auf der Suche nach einer Liebesaffäre. Von partnerschaftlichen Beziehungen hatte ich mich verabschiedet. Ich genoss mein »Alleinsein« und meine Aufgabe, die Musik für die abendlichen Meditationen im Aschram zu koordinieren.

Ich hatte mich ins Meditieren versenkt und war damit beschäftigt, jenen scheinbar nie versiegenden Quell innerer Traurigkeit zu heilen. Tränen, Ekstase, gedankliche Versenkung und stilles Sitzen – das war meine tägliche Nahrung. Umgeben von Freunden, meiner spirituellen Familie, meinen Brüdern, Schwestern und Gleichgesinnten, hatte ich endlich meinen Platz im Leben gefunden.

UND DANN KAM DEVA.

Deva schwebte in mein Leben wie auf Engelsflügeln. Sie eroberte mein Herz und ließ es wieder jung werden. Ich gab mich ihrem jugendlichen Überschwang und einer intensiven Liebe hin, von deren Existenz ich nichts geahnt hatte. Es war der Beginn einer »alles andere als normalen Liebesbeziehung«!

Osho geleitete uns zu einer Verbindung, die nicht besitzergreifend war. Für mich war es eine Offenbarung, dass zwei Menschen einander lieben konnten und zugleich von all den herkömmlichen Vorstellungen darüber, wie eine Beziehung zu sein hat, frei waren. Wir lernten, einander auf unserer spirituellen Reise zu unterstützen.

Endlich spürte ich keine Eifersucht mehr. Ich liebte es, sie zu beobachten, sie zu sehen, ihr junges Herz, so intelligent, neugierig, das Leben erkundend, und dann kam sie, oh Wunder, in mein kleines Zimmer, zu mir, als ich am wenigsten damit gerechnet hatte.

Ich habe erlebt, wie sie zu der wunderschönen Frau wurde, die sie heute ist. Seit damals, als sie 20 war, bis zum jetzigen Moment, da ich dies schreibe, 26 Jahre später, war sie immer an meiner Seite. Wir sind fast nie voneinander getrennt und langweilen uns nie ... zwischen uns gibt es keine Missklänge. Devas Gesang an sich wäre schon genug, aber ihre Fürsorge und ihre Hingabe gehen sogar noch darüber hinaus. Mir wurde die Gnade zuteil, sie auf ihrer Reise durch die Musik und durchs Leben begleiten zu dürfen ... und das ist mehr als alles, worum ich jemals bitten könnte. Den Song auf der nächsten Seite habe ich für sie geschrieben.

JENE NACHT WAR DER ANFANG, DIE WURZEL MEINER REISE MIT DEVA.

TILL I WAS LOVED BY YOU

I never was loved so deeply
Never was loved so true
Never was loved so completely
till I was loved by you
I never knew I was blessed
But now I do
Never knew what I was missing
till I was loved by you

Angels all around me
Angels at my door
Angels in the kitchen
Barefoot on the floor
Guides to guide me
and friends when I was down
But still there was
something missing
till you came round

I never was loved so deeply
Never was loved so true
Never was loved so completely
till I was loved by you
I never knew I was blessed
But now I do
Never knew what I was missing
till I was loved by you

Time is a fiction;
I am not afraid
Time can only take away
the things our minds have made
But love's glory is no small thing
And I knew it when
I heard you sing

I never was touched so deeply
I never was touched right through
I never loved so completely
till I loved you

I never knew that I was blessed
But now I do
I never got to see the man in me
till I was loved by you

BIS DU MIR DEINE LIEBE SCHENKTEST

Nie wurde ich so innig geliebt
Nie war Liebe so wahrhaftig
Nie wurde ich so umfassend geliebt,
bis du mir deine Liebe schenktest
Ich wusste nie, dass ich gesegnet bin
Doch nun weiß ich es
Nie wusste ich, was mir fehlte
Bis du mir deine Liebe schenktest

Engel umgaben mich
Engel an meiner Tür
Engel in der Küche
Barfuß auf dem Boden
Lotsen, die mich leiteten, und
Freunde, wenn ich traurig war
Aber immer fehlte da etwas
Bis du in mein Leben kamst

Nie wurde ich so innig geliebt
Nie war Liebe so wahrhaftig
Nie wurde ich so umfassend geliebt,
bis du mir deine Liebe schenktest
Ich wusste nie, dass ich gesegnet bin
Doch nun weiß ich es
Nie wusste ich, was mir fehlte
Bis du mir deine Liebe schenktest

Die Zeit ist eine Fiktion;
ich habe keine Angst
Die Zeit kann uns nur Dinge nehmen,
die unser Verstand erschaffen hat
Doch der Liebe Glanz ist nichts Geringes
Und das wusste ich, als ich dich singen hörte

Nie wurde ich so tief berührt
Nie hat mich etwas so
durch und durch erfasst
Nie habe ich so umfassend geliebt
Bis ich dich lieben lernte

Ich wusste nie, dass ich gesegnet bin
Doch nun weiß ich es
Ich konnte nie den Mann in mir erkennen
Bis du mir deine Liebe schenktest

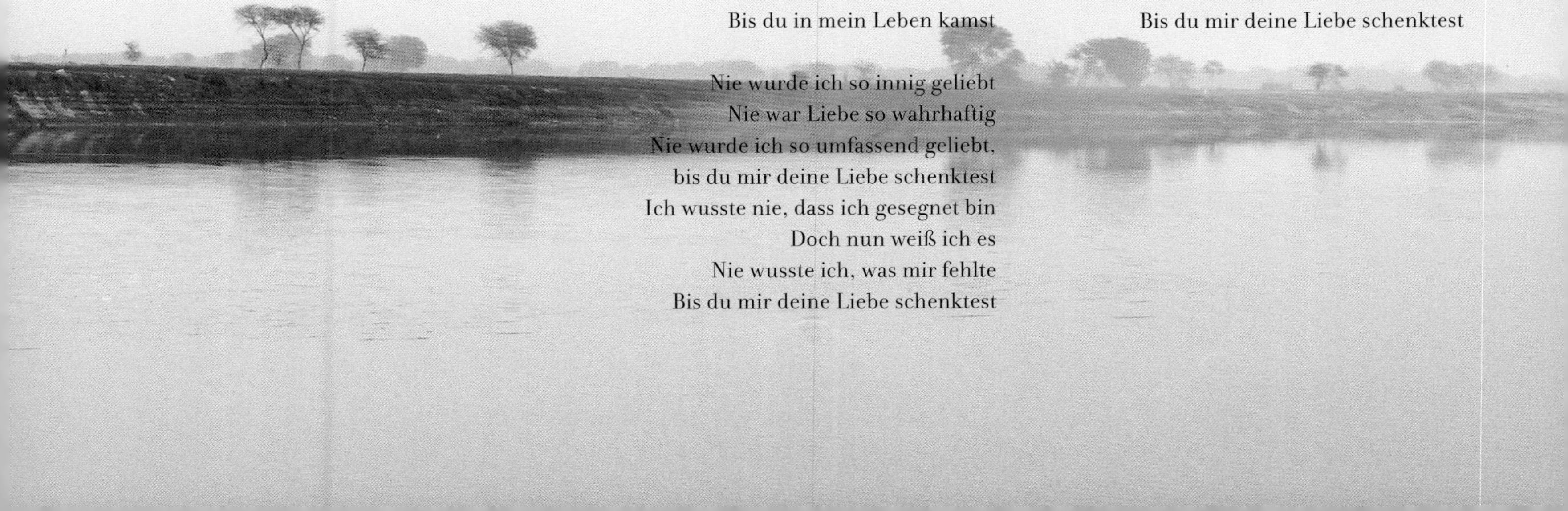

Mantras

Freunde fürs Leben

MANTRA STEHT IM SANSKRIT FÜR »VERSTAND«, BEDEUTET »VON ETWAS BEFREIT WERDEN«. MANTRAS BEFREIEN UNS ALSO VON DEN ABLENKUNGEN, BEGRENZUNGEN UND IDENTIFIZIERUNGEN UNSERES UNRUHIGEN, GESCHÄFTIGEN VERSTANDES.

Mit der Sprache definieren wir unsere Welt. In fast jeder Sprache beschreiben Wörter unsere Erfahrung. Sanskrit jedoch ist einzigartig, universal, es verfügt über eine große transformierende Kraft, weil es auf der Energie von Klängen aufbaut, statt auf deren beschreibenden Eigenschaften. Vor Jahrtausenden empfingen die Rishis im alten Indien meditierend heilende Klänge. Sie begannen, sie tiefgründig zu untersuchen und ihre Wirkung auf Geist und Körper zu erforschen. Zunächst bestimmten die Rishis jeden empfangenen Klang sehr genau in dem, was er in ihnen auslöste.

DEM RIGVEDA ZUFOLGE BIRGT SANSKRIT DIE VIBRATION DES UNIVERSUMS.

Wenn etwa *prem* – »Liebe« – 108 Mal gesungen wird, lässt sich auf direkte und überwältigende Weise tatsächlich Liebe erfahren. Im Deutschen verweist das Lautbild »Liebe« eher auf die Vorstellung von Liebe, was etwas anderes ist, als sie zu erfahren. Im Sanskrit entspricht der Klang bereits der Manifestation an sich. Dem Rigveda zufolge birgt die Sprache des Sanskrit tatsächlich die Vibration des Universums. So wie in der Bibel steht: »Am Anfang war das Wort«, so heißt es von diesen Klängen – den Mantras –, dass sie bei der Geburt des Kosmos entstanden sind und später von Generation zu Generation mündlich weitergegeben wurden. Wir leben heute in einem Zeitalter der Technologie und der Information, und die Mantras sind nun in schriftlicher Form festgehalten.

Doch ihre Kraft als Klangmedizin wurde von Raum und Zeit nicht geschmälert, ganz gleich, ob wir ihre Bedeutung verstehen oder nicht. Genau wie es unserem Körper guttut, wenn wir ihm gute, gesunde Nahrung zuführen, nähren uns die Mantras: Wir müssen sie täglich in uns aufnehmen – nur dann können wir ihre wundersamen Kräfte empfangen. Und wie bei jeder Ernährungsweise können wir uns ein ausgewogenes Mantra-Menü zusammenstellen – eines, das schamanische Heilkräfte freisetzt, wenn wir uns für das Geheimnis der Mantras öffnen.

DIE MANTRAS LEBEN, SIE SIND GEISTFÜHRER;
WENN DU SIE ANRUFST, WERDEN SIE UNWEIGERLICH IN
ERSCHEINUNG TRETEN UND DICH UNTERSTÜTZEN.

Miten

MANTRAS LEBEN

Verbinde dich mit einem Mantra und mach es zu deinem Begleiter durch den Tag. Wenn wir uns dem Mantra zielgerichtet zuwenden und uns auf seine Bedeutung konzentrieren, gewinnt unsere Praxis zusätzlich an Tiefe. Wir können sogar bestimmte Themen aus unserem Leben auswählen und uns auf sie fokussieren, während wir unser Mantra anrufen, um der jeweiligen Situation Licht und Heilung zuzuführen.

Eine Zeitspanne von mindestens 21 Tagen ermöglicht uns, die positiven Wirkungen, die sich durch wiederholtes Üben einstellen, zu erfahren und aus der Handlung eine Gewohnheit werden zu lassen. Deshalb schlagen wir dir vor, dass du dir ein Mantra auswählst und dich damit eine Zeit lang beschäftigst, indem du es jeden Tag singst und dich ihm gedanklich widmest, wann immer es dir in den Sinn kommt. Das ist nicht ganz leicht! Natürlich macht es Freude, Mantras zu singen; aber sie auf herkömmliche Weise zu chanten und sich für eine bestimmte Anzahl von Tagen dazu zu verpflichten erfordert Disziplin. Bleibe dabei mit deiner Aufmerksamkeit bei den Veränderungen in deinem Inneren, bei deinen Emotionen, deinen Gedanken; aber achte auch auf die äußeren Umstände, denn sie sind eine Widerspiegelung deiner inneren Wirklichkeit.

Oder du folgst ganz spontan deinem inneren Guru und singst immer einfach das Mantra, zu dem er dich in dem Moment hinführt. Doch das Wichtigste, was du über die Mantra-Praxis wissen musst, ist: Du kannst nichts falsch machen. Mantras haben keine negativen Nebenwirkungen. Je intensiver du dich auf deine Praxis einlässt, desto tiefer und ekstatischer wird die Transformation sein.

„We are awakening to a long-forgotten memory …"

Miten – Awakening

Ein Mantra ist wie ein Samen, der
sodass er seine Wurzeln zu den
schließlich zum universellen Leben
seine Zweige und Blätter hoch
und wenn der richtige Moment da
wird er von Abertausenden Blüten

tief in dein Sein eindringt, Quellen deines Lebens und ausstrecken kann. Dann werden hinauf in den Himmel reichen, ist, wenn der Frühling da ist, erfüllt sein.

OSHO

AUS: OM MANI PADME HUM. THE SOUND OF SILENCE, THE DIAMOND IN THE LOTUS, KAPITEL 1

Das kosmische Ja

„I open up my life, I feel the spirit move me …"

OM – das kosmische Ja – ist der kraftvollste Klang überhaupt. Er wird als Bija-Mantra bezeichnet, als Samen-Mantra. Denn so wie ein Same die volle Entfaltungsmöglichkeit eines Baumes bereits in sich trägt, so birgt das Mantra OM in sich die Blüte der Erleuchtung.

OM

Es korrespondiert mit dem »dritten Auge«, dem Energiezentrum zwischen den Augenbrauen, in dem die männliche und die weibliche Energie miteinander verschmelzen und eins werden. Mancherlei Übersetzungsversuche sind unternommen worden, aber keinem ist es gelungen, auch nur annähernd die Unendlichkeit dieses Klangs zum Ausdruck zu bringen. OM kann man nur erfahren.

OM KANN
MAN NUR
ERFAHREN.

DIE OM-MEDITATION

Der Klang des OM besteht im Grunde aus drei Klängen: A, U und M. Jeder davon hat eine tiefe Bedeutung, die sich am besten durch eine Meditation erfahren lässt, die Bewegungen einschließt.

Stell dich so hin, dass deine Füße schulterbreit voneinander entfernt sind. Wenn du lieber sitzt, achte darauf, dass dein Rücken gerade ist. Öffne deine Arme weit gen Himmel. Atme tief ein und forme zunächst den Laut A. Dieser Klang strebt, wie du feststellen wirst, nach außen. Er kommt unmittelbar aus dem Herzen und erstreckt sich weit nach draußen, ins Universum. Wahrscheinlich begleitete dieser Klang die erste Gotteserfahrung des Menschen – wir begegnen dem A im »Amen« der Christen, dem muslimischen »Allah«, im »ja« des hebräischen »Halleluja«.

Lass deine Lippen nun vom Klang des A zum U übergehen und leg deine Hände vor deinem spirituellen Herzzentrum (der Mitte der Brust) in der Namaste-Mudra aneinander. Diese Mudra symbolisiert die Anerkennung und Verehrung des Göttlichen in uns allen.

Das vom A erzeugte Licht strömt nun durch den Trichter des U-Klanges in deinen physischen Körper, auf diese irdische Ebene.

Zuletzt gehen deine Lippen zum MMM-Klang über, der es dem göttlichen Licht erlaubt, sich in deinem Inneren niederzulassen. Spüre die Schwingungen tief in deinem Bauch. Für die Mudra, die diesen Klang begleitet, lege deine Handflächen auf dein Hara (oder Dantian) unterhalb deines Bauchnabels und spüre den Vibrationen des Klangs in deinem Körper nach; der Klang ist verwandeltes Licht, das die körperliche Dimension deines Seins ausfüllt.

Achte darauf, dass du am Anfang genug Atem für alle drei Klänge schöpfst. Du kannst die Geschwindigkeit der Bewegungen entsprechend anpassen. Bei der nächsten Einatmung führst du die Arme in einer weit ausholenden Bewegung zu beiden Seiten deines Körpers nach oben, in Vorbereitung für die nächste Ausatmung auf die Klänge A U M. Diese Einatmung zwischen den Mudras ist genauso wichtig wie der Klang selbst.

Es ist die Phase, in der wir neue Energie schöpfen, die wir brauchen, um zu chanten. Auf Sanskrit heißt dieser Zustand turiya, was nichts anderes als »der vierte« bedeutet, denn ein Name oder eine Bezeichnung würde seiner Leere nicht gerecht werden.

Wenn du diesen Bewegungszyklus sieben Mal durchgeführt hast, dann chante – egal ob still oder hörbar – eine längere Zeit OM im Sitzen. Abschließend lege dich hin und nimm die Schwingungen auf, die nun in deinem Körper und deinem Geist nachhallen.

Wir empfehlen dir, dieser Meditation mindestens 20 Minuten Zeit einzuräumen.

TRACK 1

WIR MENSCHEN SIND SOLCHE GEWOHNHEITSTIERE!
DESHALB: SORGEN WIR DAFÜR, DASS WIR UNS
GUTES ANGEWÖHNEN!

Deva

»HEUTZUTAGE SIND DAS OM-MANTRA UND DAS OM-SYMBOL SO WEIT VERBREITET, DASS SIE MITTLERWEILE ZUM INVENTAR DER MAINSTREAM-KULTUR GEHÖREN.

Aber das war in den 70er-Jahren, als ich aufwuchs, noch anders. Mein Vater signierte, wie ich bereits erwähnte, seine Kunst mit dem OM-Zeichen, und ich stieß bei uns zu Hause fast überall darauf. Manchmal war es versteckt in der Ecke eines Bildes, manchmal war es ein wesentlicher Bestandteil davon.

Das Wichtigste, was mir mein Vater vermittelte, war, dass er meiner Schwester und mir nahelegte, OM zu sagen, wenn wir etwas auf den Tisch stellten, und RAM, wenn wir ein Licht anmachten. Ich muss sagen, dass ich es nicht besonders gern tat. Sicher vergaß ich es damals unzählige Male, aber heute weiß ich die Absicht hinter dieser Lehre zutiefst zu schätzen.

Mein Vater hat mir damit einen Eindruck davon vermittelt, inwiefern Meditation in Form von bewusstem Handeln den Alltag durchdringen kann. Auf diese Weise schwindet die Trennung zwischen dem Alltäglichen und dem Heiligen, zwischen weltlicher Aktivität und Gebet. Eines Tages sagte er mir tatsächlich, dass, wenn ich wirklich meine gesamte, reine Intention auf den Klang RAM richten würde, das Licht angehen würde, ohne dass ich den Schalter berührte!

Das war seine Art, seine junge Tochter zu ermutigen, absolut präsent zu sein und jede Handlung mit ganzem Herzen zu vollziehen. Mit dieser einfachen Übung hat er mir viele wichtige Lektionen erteilt.

In diesem Sinne möchte ich dich dazu ermuntern, den Klang des OM zu einem Teil deines Alltags werden zu lassen. Du kannst zum Beispiel gleich nach dem Aufwachen das Mantra OM dreimal singen, ebenso vor den Mahlzeiten und bevor du dich schlafen legst.«

Deva

»AUM bedeutet genau das, was die Anhänger des Zen als ›Geräusch, das beim Klatschen einer Hand entsteht‹ bezeichnen. AUM ist die ureigene Musik deines Seins. Wenn alle Gedanken, Wünsche und Erinnerungen fort sind, wenn sie sich aufgelöst haben und der Geist absolut ruhig und still ist, wenn in dir kein Geräusch ist, dann beginnst du, eine unglaublich schöne Musik zu hören, die keinerlei Bedeutung hat. Sie ist reine Musik, die dir große Freude schenkt, dich mit Festlichkeit erfüllt und dich tanzen lässt. Du möchtest ›Halleluja!‹ ausrufen. Aber die Musik selbst hat keine Bedeutung; sie ist nur Musik und durch keinerlei Bedeutung verunreinigt.«

OSHO

AUS: I AM THAT, KAPIEL 1

Neubeginn

ॐ
M RAMAYA
SWAHA

OM GAM GANAPATAVEI NAMAHA

OM UND EHRERBIETUNG AN GANESHA,
DEN BESEITIGER ALLER HINDERNISSE.

OM GAM GANAPATAYEI NAMAHA

DIESES MANTRA IST FÜR UNS WICHTIGE SEELENNAHRUNG. SEINE WESENTLICHE QUALITÄT LIEGT IN DER KRAFT DER VEREINIGUNG, ES BESEITIGT DAHER ALLE ENERGETISCHEN BLOCKADEN IN UNS.

Diese Qualität segnet den Beginn all unserer neuen Unternehmungen – ob es um eine Reise von A nach B geht, um den Anfang einer neuen Lebensphase oder um eine Reise nach innen zur Erkundung der Seele. Ganesha, der seinen Sitz an der Basis unserer Wirbelsäule hat – an der Wurzel unserer Lebenskraft–, wird mit diesem Mantra angerufen. Er macht den Weg frei und beschützt uns auf äußeren und inneren Reisen.

Ganesha symbolisiert die Einheit aller Dinge, allen Seins. Durch seine vereinigende Kraft zeigt er eine Welt auf, die frei von geistigen Hindernissen ist.

Die energetische Qualität Ganeshas erlaubt es uns auch, dankbar zu sein, dass wir Teil der menschlichen Familie sind, und uns stärker mit unseren Mitmenschen verbunden zu fühlen.

Wie OM ist auch GAM ein Bija-Mantra, ein Samen-Mantra, eine Keimsilbe. GAM ist jener einsilbige Klang, der die Energie Ganeshas enthält. Experimentiere damit, indem du dir den Laut GAM auf der Zunge zergehen lässt wie eine besonders köstliche Süßigkeit. Nimm ihn mit deinem ganzen Sein auf. Kümmere dich nicht um seine Bedeutung, sondern beobachte einfach, was passiert!

TRACK 10

»Uns geht es beim OM GAM GANAPATAYEI NAMAHA darum, die Energie des Verstandes nutzbar zu machen. Wir alle wissen, dass der Verstand extrem machtvoll und leistungsfähig ist und oftmals unnötig geschäftig. Ganesha hat die Gabe, diese zur Zerstreuung neigende Energie zu bündeln und zu transformieren. Das ist das Geschenk von Ganesha, dem Beseitiger aller Hindernisse.«

Miten

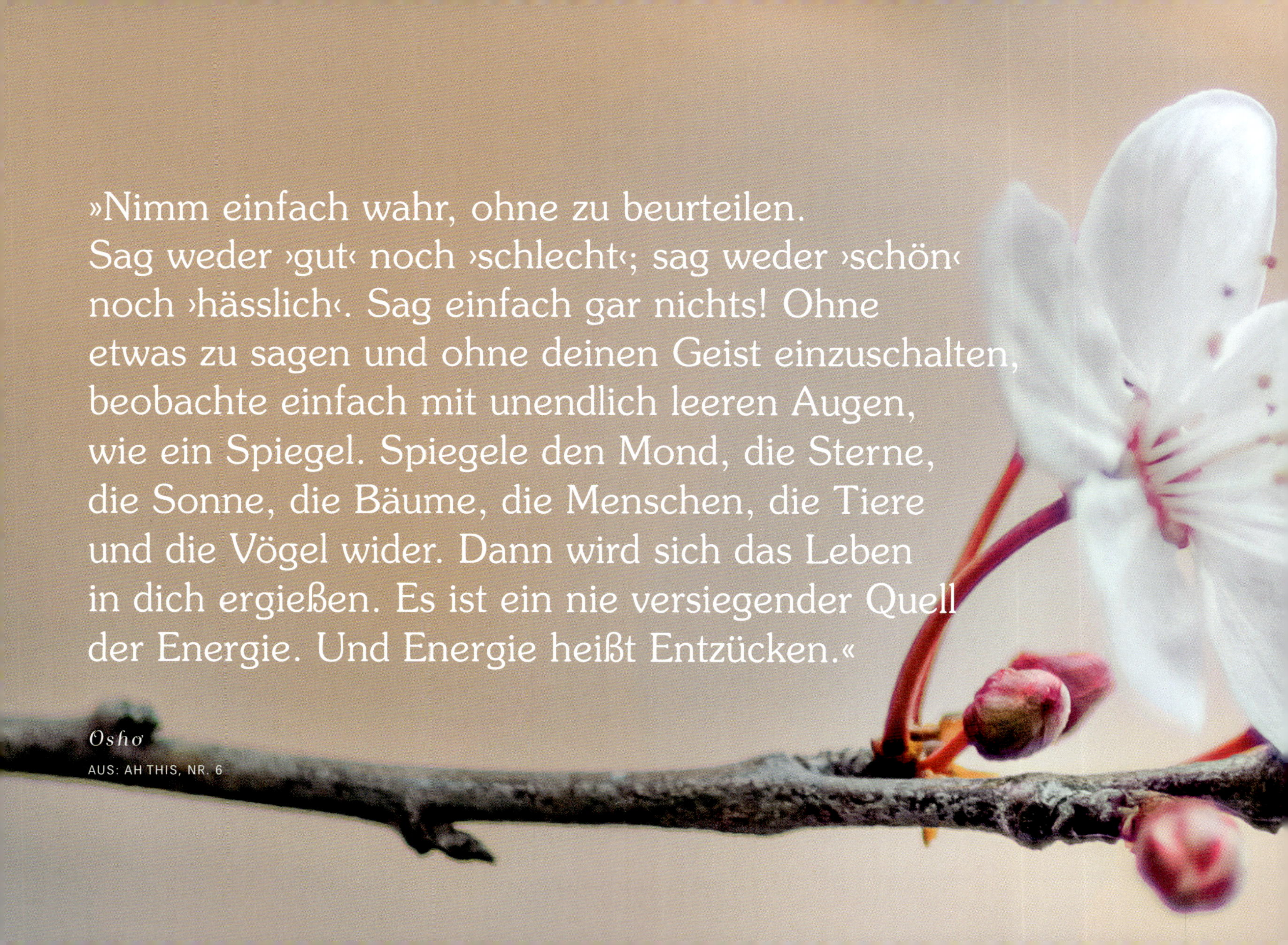

»Nimm einfach wahr, ohne zu beurteilen.
Sag weder ›gut‹ noch ›schlecht‹; sag weder ›schön‹ noch ›hässlich‹. Sag einfach gar nichts! Ohne etwas zu sagen und ohne deinen Geist einzuschalten, beobachte einfach mit unendlich leeren Augen, wie ein Spiegel. Spiegele den Mond, die Sterne, die Sonne, die Bäume, die Menschen, die Tiere und die Vögel wider. Dann wird sich das Leben in dich ergießen. Es ist ein nie versiegender Quell der Energie. Und Energie heißt Entzücken.«

Osho

AUS: AH THIS, NR. 6

Ich möchte euch unbedingt sagen, wie sehr eure Musik mein Leben verändert hat: Eines Tages hat mir jemand von dem Ganapati-Mantra erzählt. Ich habe im Internet gesucht, ob jemand dieses Mantra genau 108 Mal singt, sodass ich leicht folgen kann und mich nicht um die korrekte Zahl an Wiederholungen kümmern muss. Da fand ich eure Version, und das hat mein Leben von Grund auf verwandelt.

Ich höre seit einiger Zeit jeden Tag Mantras und erweitere meine Sammlung fortwährend. Wenn ich ihnen lausche, verschmelze ich mit der Musik, die mich an einen Ort unglaublichen Friedens führt.

Im letzten halben Jahr ging es mir besonders schlecht, ich wurde krank und musste aufhören zu arbeiten. Glücklicherweise ist es mir mit viel spiritueller Arbeit gelungen, meine Krankheit zu überwinden und zu besiegen, und nun beginne ich ein ganz neues Leben.

DANKE, DASS IHR EURE GABEN UND EURE ERSTAUNLICHEN ENERGIEN MIT DER WELT TEILT!

K. C. via facebook

»Was Oshos Aschram von den mir bekannten, traditionelleren Aschrams unterschied, war seine ungeheure Kreativität. Es war ein Zentrum positiver Kraft. Durch die täglichen Meditationen und die Mitarbeit im Aschram wurden alle dort von ihren Prägungen und ihrer inneren Zerrissenheit befreit, sodass eine Stimmung von kindlicher Verspieltheit herrschte, die sich ganz natürlich in einem ungehinderten Ausbruch künstlerischen Selbstausdrucks entfaltete. Es war, als ob Ganesha über allen schweben und uns anleiten würde.

ES WAR, ALS OB GANESHA ÜBER ALLEN SCHWEBEN UND UNS ANLEITEN WÜRDE.

Sich am Betrieb des Aschrams zu beteiligen war essenziell. Man konnte sich diesem Reigen auf unterschiedliche Weise anschließen: in der Küche, bei den Reinigungstrupps, im Garten, bei der Erstellung von Aufzeichnungen, Videos und Büchern von Oshos Vorträgen, bei den Musikern, in der ›Multiversity‹, die zahlreiche Gruppenstunden und Trainings anbot, bei Verwaltung und Finanzen – all diese Bereiche boten die Chance, sich auszuprobieren und neue Weisen zu erkunden, wie man sich Dingen widmen konnte, die dem Augenschein nach sehr profan waren.

Während meiner Zeit in der Putztruppe habe ich beispielsweise gelernt, ein gesäubertes Zimmer erst zu verlassen, nachdem ich sichergestellt hatte, dass es wie ein kleines Kunstwerk aussah. Das Podium zu reinigen, auf dem Osho saß, war eine große Ehre. Jeder Besenstrich wurde zu einer absolut gegenwärtigen Erfahrung und wurde mit großer Sorgfalt und Achtsamkeit ausgeführt.

Wenn man sich so vollkommen in die eigenen Handlungen versenkte, entstand eine innere Einheit, durch die sich Blockaden auflösten.

Diese Sichtweise war in jeder Beschäftigung, jeder Handlung gegenwärtig.

Zudem habe ich gelernt, Musik auf eine viel spielerischere Weise zu genießen als in meiner vorherigen ›Inkarnation‹ als professioneller Musiker. Fortan betrachtete ich die Musik als heilig und sakral – als Werkzeug, das nicht nur meine Meditationspraxis vertiefte, sondern auch große Freude und ekstatische Mitwirkung auslöste. Als Aschram-Musiker hatten wir keinerlei Selbstzweifel – für die Zuhörer vielleicht nicht immer angenehm, aber für die Musiker absolut befreiend!

Aufgrund dieser Freiheit erlebte ich zum ersten Mal wahre Musik – wundervolle Musik, die sich tanzend ihren Weg in die eigene Seele bahnte, die einen an innere Orte führte, von denen man früher nur geträumt hatte. Auch wilde Musik, die den Körper in Bewegung brachte und den Geist erleuchtete, bis das Selbst verschwand und nur noch der Tanz übrig blieb.

Wir spielten für die Zusammenkunft von Tausenden weiß gekleideten Weggefährten und feierten ekstatisch den Augenblick – wir nahmen ihn einfach an, egal ob richtig oder falsch, gut oder schlecht. Die Akzeptanz unserer mysteriösen Existenz auf der Erde befreite uns, auf den Moment so zu reagieren, wie wir wollten. Wir waren eine Gemeinschaft, die nichts beweisen musste. Wir beobachteten, man kann auch sagen: Wir waren Zeuge von unserer Realität in eben diesem Moment. Und in diesem Bewusstseinszustand gelangten wir an einen Ort, der als ›Zentrum des Zyklons‹ bekannt ist – jenseits von Aufregung, jenseits des Begehrens, jenseits von Vergangenheit und Zukunft. Musik, die von geistiger Kraft getragen ist, hat eine unglaubliche transformierende Kraft.

Es gab etwas, das jeden Aspekt des Lebens im Aschram durchwirkte: Man akzeptierte innerlich, dass es in Ordnung war, Fehler zu machen ... ja, dass es sogar notwendig war, wenn man sich weiterentwickeln wollte.

Ich erinnere mich an eine Situation, in der ich mich bei Neelam, Oshos Sekretärin, über bestimmte Aspekte meiner Tätigkeit als Musik-Koordinator des Aschrams beschwerte. Da übermittelte sie mir folgende Botschaft von Osho: ›Denk daran, Miten, dieser Ort ist nicht dazu gedacht, dass alles wie am Schnürchen läuft.‹

•ooooo•

DENK DARAN, MITEN, DIESER ORT IST NICHT DAZU GEDACHT, DASS ALLES WIE AM SCHNÜRCHEN LÄUFT.

•ooooo•

Oshos einfache Lehren haben Licht und Ausgelassenheit in mein Leben gebracht. Immer wieder erinnerte uns Osho daran, dass wir hier sind, um zu lernen, nicht um etwas zu erreichen. Seitdem beherzigen Deva und ich diese Lektion. Sie ist Teil unseres Lebens mit und für Prabhu Music – was unsere ganz persönliche, kostbare kleine Sangha ist, eine Art Mikroversion des Aschrams. Wenn etwas ›schiefläuft‹, erinnern wir uns gegenseitig daran: Also gut, dieser Ort ist nicht dazu gedacht, dass alles wie am Schnürchen läuft! Denn wie sollen wir lernen, wenn wir nicht frei sind, Fehler zu machen?

Mittlerweile gehe ich mit dieser Haltung an jeden Aspekt meines Lebens heran. Wir sind hier, um zu lernen, Erfahrungen zu machen, zu erkunden, neugierig zu sein, freundlich und liebevoll ... und nicht, um perfekt zu sein. Fehler sind begrüßenswert und notwendig, aber, wie Osho sagte: ›Sei klug. Mach nie den gleichen Fehler ein zweites Mal!‹«

Miten

•○○○•

Wenn dies ein Test wäre, was müsste ich tun, um ihn zu bestehen?

•○○○•

»Wenn ich irgendein Problem habe oder mich in einer Situation befinde, über die ich keine Kontrolle habe und die mich in irgendeiner Weise innerlich aus dem Gleichgewicht bringt, stelle ich mir folgende Frage: Wenn dies ein Test wäre, was müsste ich tun, um ihn zu bestehen?
Dann verlässt mich sofort das Gefühl, ein Opfer zu sein, und ich erlebe mich als bestärkt und bereit, mich der Herausforderung zu stellen. Dieses Vorgehen hilft mir, das ›Problem‹ als ein Geschenk zu betrachten, bei dem ich meine inneren Muskeln der Liebe, des Annehmens und des Mitgefühls ausprobieren und stärken kann. Dank Ganesha wird so jedes Hindernis zu einem Segen.«

Deva

Erleuchtung

OM BHUR BHUVAH SWAHA
TAT SAVITUR VARENYAM
BHARGO DEVASYA DHIMAHI
DHIYO YONAH PRACHODAYAT

WIR MEDITIEREN ÜBER DIE ENTZÜCKENDE, BEZAUBERNDE,
STRAHLENDE QUELLE ALLER DINGE,
AUF DASS WIR ZUM GÖTTLICHEN LICHT REINEN
BEWUSSTSEINS ERWACHEN.

GAYATRI

NACH DEN HEILIGEN VEDISCHEN SCHRIFTEN IST DAS GAYATRI-MANTRA SO ALT WIE DIE ZEIT AN SICH. ES HAT ÜBER TAUSENDE UND ABERTAUSENDE JAHRE HINWEG MILLIONEN SEINER VEREHRER GELEITET UND ERLEUCHTET.

Der Name GAYATRI lässt sich mit »Lied der Befreiung« übersetzen. Das GAYATRI-Mantra ruft die strahlende Quelle allen Lebens an und reinigt unsere Gedanken, Worte und Taten. Es ist ganz gleich, ob wir diesen heiligen Text selbst chanten oder nur hören – allein dadurch, dass wir im Umfeld dieser Klänge weilen, öffnen wir uns für ihre Kraft.

Den 24 Silben wohnt eine universale Lichtkraft inne; im Grunde genommen ist es eine schamanische Ehrwürdigung der Sonne.

So wie jedes Lebewesen auf diesem Planeten unter der gleichen Sonne lebt und das gleiche Licht empfängt, so scheint das GAYATRI-Mantra ewiglich auf unseren inneren Pfad, leuchtet uns den Weg und segnet unsere Reise.

Die günstigste Zeit, um das GAYATRI-Mantra zu singen, sind der Sonnenaufgang, wenn wir das Licht des Tages begrüßen, und der Sonnenuntergang, wenn wir uns für dessen Segnungen bedanken.

»MAN KANN ES VORSEHUNG ODER SCHICKSAL NENNEN – JEDENFALLS HAT SICH AN DEM TAG, AN DEM DEVA WIEDER IN VERBINDUNG MIT DEM GAYATRI-MANTRA TRAT, ETWAS IN UNSEREM LEBEN VERÄNDERT.

Es ist einfach das Lied ihrer Seele – sie hat es in ihrem Blut. Deva ist seit ihrer Geburt mit diesem Mantra gesegnet, und ihre erneute Verbindung damit war etwas Transzendentes. Wenn ich höre, wie sie das GAYATRI-Mantra chantet, berührt dies nach all den Jahren meine Seele nach wie vor auf profunde Art und Weise. An vielen Abenden, an denen wir mit anderen sangen, habe ich gespürt, wie kreisende Wellen der Liebe auf die Zuhörer übergingen und dann mit einer unglaublich schönen, harmonischen Intention zu uns zurückwirbelten. Reinigung – genau das ist es, was wir unweigerlich jedes Mal beim Singen des GAYATRI erfahren. Es ist, als wäre es die Seele des Klangs an sich.

•○○○○•

ES IST, ALS WÄRE ES DIE SEELE DES KLANGS AN SICH.

•○○○○•

Ich weiß noch, wie Deva und ich einmal zu einem Treffen von Palästinensern und Israelis eingeladen wurden, die in Tel Aviv die Rituale ihrer Kulturen mit Musik und Tanz feiern und ehren wollten. An jenem Abend hörten wir, wie Brüder beider Traditionen die Lieder der anderen sangen und diese wunderschöne Musik mit großem Respekt und großer Liebe miteinander teilten. Wir waren dabei, als Scheich Abd al Karim Zorba, der Imam der Jerusalemer Al-Aqsa-Moschee, die Versammelten zu einem sufischen Dhikr, einer meditativen Übung, anleitete. Muslime, Juden und Christen waren miteinander verbunden. Was für eine Kraft! Es war ein unglaublich reiner Ausdruck des männlichen Prinzips ohne Aggression oder Angst, sondern einfach nur die Feier des einen. Später wurde uns das große Glück und die Ehre zuteil, mit den Sufi-Derwischen zu meditieren, während sie ihre Friedensgebete in die Nacht wirbeln ließen. Am Ende des Abends wurden Deva und ich dazu eingeladen, allen Versammelten ein Mantra darzubringen. Es war eine große Ehre. Natürlich entschieden wir uns für das GAYATRI-Mantra, und als Devas Stimme den Tempel erfüllte, breitete sich spürbar eine sanfte, machtvoll weibliche Gnade aus, die die Energie des Raums harmonisierte und erleuchtete.«

Miten

»Die Menschen sind wie bunte Glasfenster:
Sie funkeln und leuchten,
wenn die Sonne scheint;
doch nach Anbruch der Dunkelheit
wird ihre wahre Schönheit nur offenbar,
wenn sie ein inneres Licht haben.«

Elisabeth Kübler-Ross

Ich bin Lehrerin und unterrichte autistische Kinder im Alter von acht bis zehn Jahren. Daneben praktiziere und unterrichte ich Yoga. In meiner Schulklasse sind sechs Kinder. Zwei von ihnen sprechen überhaupt kein Wort!

Die Schultage sind sehr lang, wir verbringen ungefähr zehn Stunden miteinander. Deshalb habe ich beschlossen, mittags eine »Entspannungsstunde« einzuführen: Die Kinder legen sich auf Matten, und ich spiele unterschiedliche CDs ab, meistens Instrumentalmusik. Während die Musik läuft, beobachte ich die Kinder und mache mir Notizen, wie sie darauf reagieren, sowohl körperlich als auch mental. Sie haben alle eine unterschiedliche Hörempfindlichkeit, was zu ihrem Krankheitsbild dazugehört.

EURE CD »THE ESSENCE« HAT DIE BEIDEN KINDER, DIE NICHT SPRECHEN, VERÄNDERT.

Sie fingen an mitzusummen! Ich habe die CD über die nächsten Wochen hinweg weiter abgespielt, und sie begannen, das GAYATRI-Mantra zu singen! Mit der Zeit wussten sie schon, was als Nächstes kam, und haben dann das nächste Lied auf eurer CD gesungen! Einmal musste ich meinen Unterrichtsplan ändern und die Entspannungsstunde streichen. Daraufhin kamen die beiden zu mir und deuteten auf die Schublade, in der meine CDs sind, als wollten sie sagen: »Tun Sie uns das nicht an! Es ist jetzt zwölf Uhr. Wir erwarten das GAYATRI-Mantra!«

A.Y.

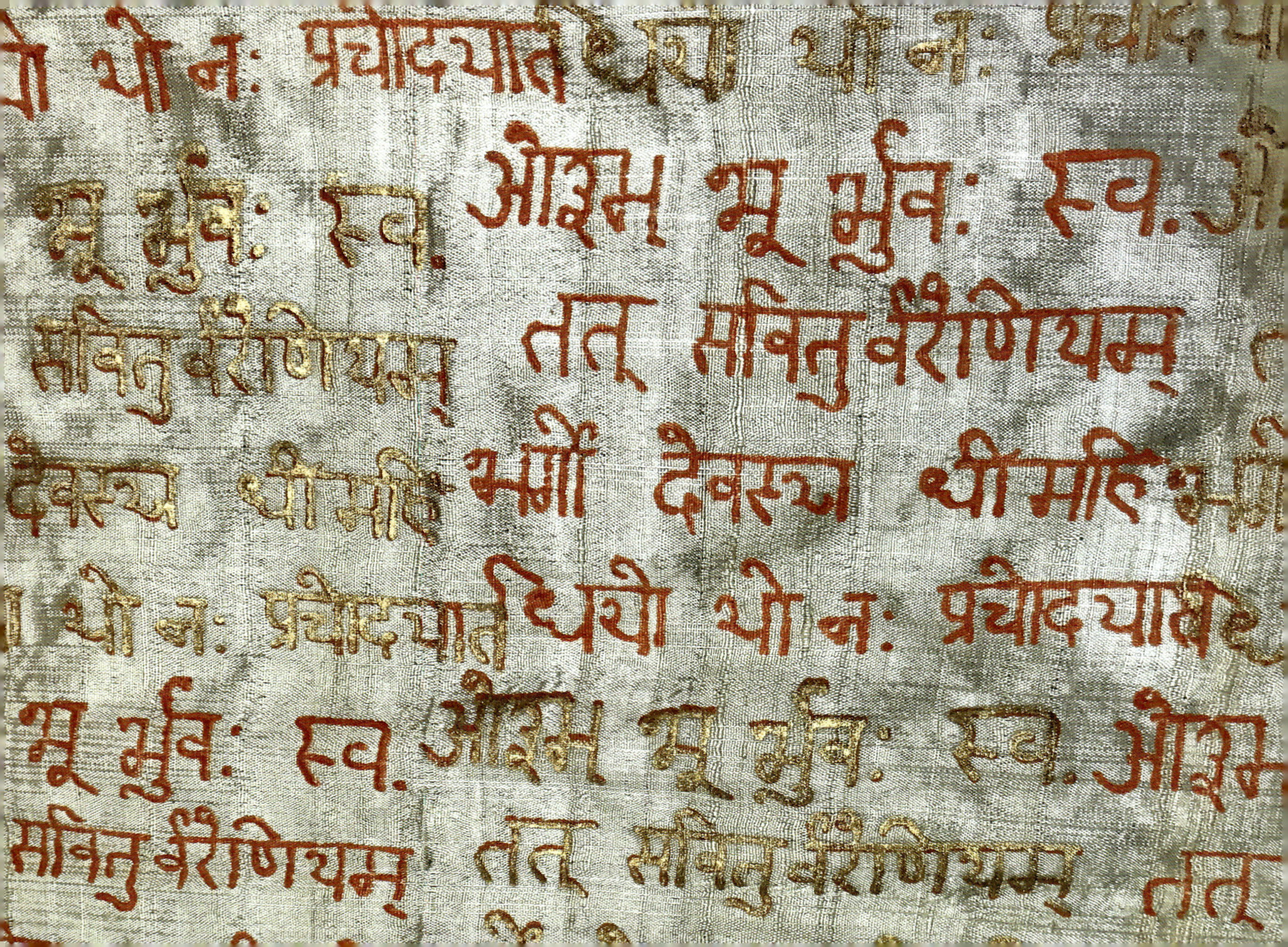
धी नः प्रचोदयात धियो धी नः
भू भुव: स्व. ओ३म भू भुव: स्व.
सवितु वैरेणियम् तत् सवितु वैरेणियम्
देवस्य धीमहि भर्गो देवस्य धीमहि
धी नः प्रचोदयात धियो धी नः
भू भुव: स्व. ओ३म भू भुव: स्व. ओ३म
सवितु वैरेणियम् तत् सवितु वैरेणियम् तत्

GAYATRI-MEDITATION

Setz dich bei Sonnenaufgang mit geradem Rücken hin, innerlich entspannt, aber aufmerksam. Du kannst die Aufnahme des GAYATRI-Mantras nutzen, die diesem Buch beiliegt, oder du singst selbst das Mantra, wenn du mit seinen Klängen vertraut bist.

Schließe beim ersten OM die Augen und lade den Sonnenaufgang ein, sich in deinem Herzen, in deinem inneren Sein zu vollziehen. Du siehst, fühlst oder imaginierst, wie das warme Licht deiner inneren Sonne zunimmt, bis es dein gesamtes Inneres ausfüllt. Lass diese gütige, strahlende Lichtspenderin, die uns innerlich scheint, auch in die dunklen, angstbesetzten, unbewussten oder unbequemen Winkel reichen, denen du gern ausweichen willst. Du musst sie gar nicht benennen, es reicht, wenn du das Licht über sie hinwegfluten lässt.

Während sich das Mantra entfaltet, schließe dich uns an, entweder indem du mitchantest oder in Stille teilhast. Erlaube den Klängen, in dich einzugehen, deine Energiezentren zu reinigen und deinen physischen sowie deinen Energiekörper mit frischer Energie zu beleben. Achte auf die Schwingungen, die in deinem Inneren entstehen.

Wenn der Gesang abklingt, bleibe schweigend sitzen, genieße die Stille und erlaube der Meditation, sich noch etwas auszudehnen. Atme ganz bewusst in das Licht des Mantras hinein. Weite den Raum in dir, bis er den gesamten Planeten und letztendlich das gesamte Universum umfasst. Du bist erfüllt vom göttlichen Licht des GAYATRI.

TRACK 9

„And the healing light from

the blessed sun, it shines for you beloved one ..."
Miten – Exactly As It Is

»An der Wurzel jeglicher Kraft
Zentrum der Existenz ist Musik
geordneter Frequenzen in der
2500 Jahren sagte der Philosoph
Ein Fels sei zu Stein gewordene

und Bewegung im lodernden
und Rhythmus. Das Spiel
Matrix der Zeit. Vor mehr als
Pythagoras seinen Schülern:
Musik.«

George Leonard

ZITIERT NACH: JOACHIM-ERNST BERENDT: NADA BRAHMA.
DIE WELT IST KLANG, FRANKFURT AM MAIN, SUHRKAMP, 2007, SEITE 142 BIS 143

Einssein

OM NAMO BHAGAVATE VASUDEVAYA

OM IST DER NAME DESJENIGEN IN MIR,
DAS SICH DER EINHEIT ALLER DINGE BEWUSST IST.

Zusammen mit dem GAYATRI-Mantra, dem OM TRIAMBAKAM und dem OM PURNAM stellt das OM NAMO BHAGAVATE einen Höhepunkt dar. Es wird als Mukti-Mantra bezeichnet, als »das große zwölfsilbige Befreiungsmantra«. Mit anderen Worten: Dieses Mantra ist die Anerkennung des Göttlichen in uns.

DIESES MANTRA IST DIE ANERKENNUNG DES GÖTTLICHEN IN UNS.

Aber wie gelangen wir in einen Zustand, in dem wir uns dieser inneren Göttlichkeit wirklich bewusst sind, und zwar nicht nur bei uns selbst, sondern bei allen Lebewesen? Die Antwort liegt an der Pforte von Hingabe, Meditation, Kontemplation und Inspiration. OM NAMO BHAGAVATE ist der Schlüssel zu jener Tür.

Der Laut NAMO findet sich in vielen Mantras. Er ist eine innere Haltung der tiefen Verehrung unserer inneren Göttlichkeit. Die traditionelle Grußformel Namaste hat die gleiche Wurzel.

BHAGAVATE ist die eigentliche Klangschwingung des höchsten Geistes – der Quelle aller Dinge.

VASUDEVA bedeutet das höchste Wesen (Devaya), in dem alle Wesen leben *(vasu)* und das allen Leben schenkt. Das eine, das im Inneren existiert. Wir werden »Gott« nie inmitten irdischer, weltlicher Vergnügen finden. Nur wenn wir nach innen blicken, erkennen wir das, was sich nie verändert, das, was nie stirbt. Deshalb sind Introspektion und Meditation – das Zur-Ruhe-Bringen des geschäftigen Geistes – unsere einzige Zuflucht.

Das Wort Vasudeva ist auch einer der Namen Krishnas. Für die Vaishnavas, die Verehrer Krishnas, ist es eines der wichtigsten Mantras, ein Symbol der Freude und der Glückseligkeit.

Es ist auch einer der wichtigen inneren Torwege für die Anhänger des Kriya-Yoga. Wie bei den meisten Mantras, aber besonders bei einem, das so kraftvoll und weit verbreitet ist wie das OM NAMO BHAGAVATE, schließen wir uns einem Klangfluss an, der von den Abermillionen andächtigen Seelen herrührt, die im Laufe der Jahrhunderte die Kraft ihrer Herzen und ihre Dankbarkeit in diese Klangformeln haben einfließen lassen. Dies ist enorm hilfreich, wenn wir uns jener Bewegung höchster Hingabe anschließen, die zur Auflösung des individuellen Selbst hinströmt, und wir schließlich eins werden mit dem weiten Meer unendlichen Friedens.

DANKBARKEIT IM HERZEN

Chante das OM NAMO BHAGAVATE VASUDEVAYA entweder, um Hilfe auf deinem Weg zu erbitten, oder als Ausdruck tiefer Dankbarkeit. Wenn wir in unserem Herzen Dankbarkeit empfinden, verbindet uns dies mit einem umfassenderen Gefühl der Freude, Anerkennung und Würde.

MEDITATION: TRACK 6

„Letting go into the mystery, rising in love ..."
Miten – Deeper

»OM NAMO BHAGAVATE hat in meinem Herzen einen ganz besonderen Platz. Es war das letzte Mantra, das Devas Mutter Viten hörte, bevor sie ihren letzten Atemzug tat und in das Einssein entschwand.
Während ich an ihrem Bett Gitarre spielte, sangen Deva und ihre Schwester Ilonka dieses wunderschöne Mantra, das Viten am allermeisten liebte.
Es war ein gesegneter Moment: zu sehen, wie Viten dalag, als sei sie ohne Bewusstsein, und doch ihre geliebten Töchter hörte, deren Stimmen sich in harmonischem Einklang verbanden und singend ihrer Mutter ihre Liebe, ihren Dank und Respekt darbrachten. Ich bin mir sicher, dass Viten sehr glücklich und in Frieden von uns ging.«

ICH BIN MIR SICHER,
DASS VITEN SEHR
GLÜCKLICH UND
IN FRIEDEN VON
UNS GING.

Miten

»Beten ist das Allerhöchste. Ich will euch erklären, was Beten ist. Es ist nichts, was man tut; es hat nichts mit dem Tun zu tun. Es ist etwas, das man nach und nach wird. Es ist etwas, das du lebst, es ist etwas, das dich wie das Klima umgibt, es ist wie tiefe Dankbarkeit. Wenn du die Bäume betrachtest oder aufs Meer blickst oder das Gras anschaust, entsteht in dir der dringende Wunsch, dich zu bedanken. Das ist Beten.«

OSHO

AUS: COME FOLLOW TO YOU, BAND 2, KAPITEL 9

»Meine Verbindung mit den indischen Gottheiten hat sich auf eine interessante Weise entwickelt. Wir alle wissen, dass jeder der Götter eine grundlegende Eigenschaft unseres Lebens symbolisiert. Zu einigen hatte ich unmittelbar einen Bezug, bei anderen musste ich auf den richtigen Moment warten. Indem sie nacheinander in mein Leben traten und ich mir ihre Qualitäten und Lehren zu eigen machte, wurden sie zu einem Teil meines ›inneren Altars‹.

VIELE DER INDISCHEN GÖTTER WURDEN ZU EINEM TEIL MEINES »INNEREN ALTARS«.

Bei Krishna hat es ein wenig gedauert, aber das Warten hat sich absolut gelohnt! Er fand auf die perfekte Weise seinen Weg in mein Herz – ja, vielleicht ist es überhaupt der einzige Weg: durch die Liebe. Es begann, als Miten und ich den menschlichen Wirbelwind namens Shyamdas kennenlernten. Als Mann Krishnas und Gelehrter der uralten Krishna-Tradition Pushti Marg kam Shyamdas in unser Leben – während des jährlichen Ecstatic Chant Retreats im Omega Institute nördlich von New York.

Unsere Freundschaft entfaltete sich schnell. Bald schon war Shyamdas' Zuhause in Jatipura unser Refugium, wann immer wir in Indien waren. Es liegt nah am heiligen Fluss Yamuna bei Vrindavan, wo Krishna seine Jugend verbrachte. Für Vaishnavas, die Anhänger Krishnas, ist dies einer der heiligsten Orte überhaupt. Und dank Shyamdas waren wir mittendrin.

Unsere Tage waren ein zeitloses Fließen – wir chanteten, wanderten durch die Felder und Dörfer, besuchten winzige Tempel, teilten die gesegnete Nahrung, Prasad genannt, empfingen Satsangs von Babas, Gurus und anderen versteckten Weisen. Ohne Shyamdas hätten wir diese Männer und Frauen nie getroffen, und mit allen war er befreundet!

Durch die liebevolle, fürsorgliche Führung Shyamdas' begannen wir, die Süße von Sri Krishna zu spüren, in uns aufzunehmen und uns in sie zu verlieben.

Aus dem Sanskrit übersetzt bedeutet Krishna ›der Allanziehende‹. Es bezeichnet die verspielte, amouröse, freudvolle Existenz Krishnas, der an den Ufern des Yamuna auf seiner Flöte, der Bansuri, für seine geliebten Kuhhirten und Gopis spielte. All diese Eigenschaften sind in Braj, der Gegend, in der sich Krishna aufhielt und vergnügte, sehr deutlich spürbar. Besonders tief berührte uns die Hingabe der Menschen in Braj an ihren Thakurji, wie sie Krishna liebevoll nennen. Es fühlte sich unglaublich farbenfroh und unschuldig an.

Krishna lebt mit seinen Anhängern zusammen, er isst mit ihnen gemeinsam und verleiht ihrem Leben etwas Magisches. In Nathdwara, einer Stadt in Rajasthan, wo sich der Shrinathji-Tempel, einer der bedeutendsten Krishna-Tempel befindet, haben wir erfahren, wie die gesamte Stadt in Krishnas Leben im Tempel einbezogen wird.

Jeden Tag hallt aus einem Lautsprecher über die Dächer die Ansage, was Krishna gerade tut: Jetzt ist er gerade aufgewacht ... nun spielt der kleine Krishna mit seinen Spielsachen ... nun schläft er ... und so weiter.

Die gesamte Stadt hat Anteil daran, und jeder lässt sich davon anstecken – von einer Stimmung, die alles mit einer freudigen Präsenz erfüllt. Für die Menschen in Braj gibt es keine Trennung zwischen dem Göttlichen und dem Leben, die Andacht ist ein fester Bestandteil ihres Alltags.

FÜR DIE MENSCHEN IN BRAJ GIBT ES KEINE TRENNUNG ZWISCHEN DEM GÖTTLICHEN UND DEM LEBEN, DIE ANDACHT IST EIN FESTER BESTANDTEIL IHRES ALLTAGS.

Auch die Art, wie die Menschen dort einander grüßen, hat uns berührt: entweder mit ›Jai Shri Krishna!‹ oder ›Radhe, Radhe!‹ Radha ist Krishnas Geliebte, sein weibliches Gegenüber, und als solche ist sie die Geliebte des göttlich Geliebten.

In Braj ist jeder Radha. Jeder ist der oder die Geliebte Krishnas. Alles, womit sich Krishna beschäftigt, wird Lila genannt. Lila bedeutet ›göttliches Spiel‹. Shyamdas sagte beispielsweise Dinge wie: ›Das heutige Lila ist ein Ausflug nach Barsana ...‹ Miten und ich haben diese Formulierung übernommen, und es macht uns Spaß, uns gegenseitig zu fragen, was das Lila des Tages ist. Es erinnert uns daran, dass das Leben ein Spiel ist – manchmal ein Drama, manchmal eine Komödie, aber immer ein Spiel, das wir mit einer gehörigen Portion Nicht-Anhaftung am besten genießen können, ganz unabhängig vom jeweiligen Ausgang.

Wir bedauern zutiefst, dass Shyamdas 2013 bei einem Verkehrsunfall in Indien seinen Körper verlassen hat. Doch uns hat er nicht verlassen – er lebt in unseren Herzen weiter.«

Deva

Glücklichsein

LOKAH SAMASTA SUKHINO BHAVANTU

MÖGEN ALLE LEBEWESEN ÜBERALL GLÜCKLICH UND FREI SEIN.
MÖGEN ALLE MEINE GEDANKEN, WORTE UND TATEN
IN IRGENDEINER WEISE ZUM GLÜCK ALLER BEITRAGEN.

NIMM DIR EINEN AUGENBLICK ZEIT, UM DIESE WORTE WIRKLICH EINSINKEN ZU LASSEN: MÖGEN ALLE MEINE GEDANKEN, WORTE UND TATEN IN IRGENDEINER WEISE ZUM GLÜCK BEITRAGEN …

Unser Leben kann allen um uns herum etwas Gutes bringen – ob bewusst oder unbewusst. Wir sind wie Leuchttürme oder Radiosender: Wir strahlen und senden hinaus, was immer wir denken und empfinden. Der erste und wichtigste Schritt liegt darin, uns bewusst zu machen, dass wir Einfluss haben auf das, was wir denken und aussprechen. Wir haben die Wahl, unsere Gedanken in das Negative und Urteilende abschweifen zu lassen oder in das Positive und Helle zu erheben. Mit dieser Erkenntnis und Erfahrung kommt ein großes Gefühl von Verantwortung wie auch von Freiheit.

Es gibt im Sanskrit den wunderbaren Ausdruck *bhav*. Er bedeutet »göttliche Stimmung« und meint eine ehrerbietige Haltung, ein Leben, das vom Bewusstsein des Göttlichen durchdrungen ist. Unsere Lebensweise kann die *bhav* stärken oder mindern.

Es gibt Dinge, Plätze, Menschen oder Tätigkeiten, die geradezu »*bhav*-Boosters« sind, und andere sind »*bhav*-Busters«, das heißt, sie verringern die *bhav* drastisch. Und in den meisten Fällen können wir durchaus zwischen ihnen unterscheiden. Wir wissen, ob eine Sache uns nährt und bereichert oder ob wir uns danach leer fühlen. Sobald wir uns darauf eingestimmt haben, können wir uns öfter für diejenigen Dinge entscheiden, die unsere Stimmung heben. Und wenn wir glücklich sind, verhalten wir uns großzügiger und liebevoller, sowohl uns selbst als auch anderen gegenüber. Das gilt nicht nur für Menschen, sondern auch für Tiere und Pflanzen, also generell für alle Lebewesen um uns herum.

SELBST NACH ALL
DIESER ZEIT SAGT DIE
SONNE NIE ZUR ERDE:

DU STEHST IN
MEINER SCHULD.

SCHAU, WAS EINE
SOLCHE LIEBE BEWIRKT,
SIE ERLEUCHTET DEN
GANZEN HIMMEL.

Hafis

LOKAH SAMASTA MEDITATION

Der Fokus dieses Mantras liegt auf *ahimsa* – der Gewaltlosigkeit unserer Gedanken, Worte und Taten. Die Praxis des Mantra-Singens reinigt ganz allgemein unsere Gedanken und Äußerungen. Wir lernen, unseren Geist mit heilsamen Schwingungen zu füllen, indem wir die Mantras still für uns oder laut wiederholen. Und wir reinigen unsere Zungen, indem wir die heiligen Sanskrit-Laute chanten, singen oder rezitieren. Wenn wir etwas sagen oder uns mit anderen unterhalten, können wir ein Bewusstsein davon haben, welche Energie unser nächster Satz bergen wird. Wir können spüren, ob unsere Worte dazu führen, dass wir und andere sich besser fühlen, oder ob wir durch das, was wir sagen, uns und anderen Energie entziehen. Wann immer du mit jemand anderem sprichst, sei dir jedes deiner Worte bewusst und wähle diese klug aus, auf dass du dich nach dem Gespräch rein, liebevoll und gütig fühlst.

MEDITATION: TRACK 8

„Every moment, we are living the Mystery …"
Miten – the Mystery

DIE MANTRAS FÜHREN UNS AN EINEN ORT DES EINSSEINS, HIN ZUR EINHEIT.

»Die Mantras führen uns an einen Ort des Einsseins, hin zur Einheit. Heute brauchen wir Mantras mehr denn je, denn wir leben in konfliktreichen Zeiten. Und immer öfter begegnen wir Menschen, die anders sind als wir – Menschen, die vielleicht anders aussehen, empfinden und anders denken als wir. Es wird immer schwieriger, jenes Einssein, das alle Menschen, alle Lebewesen miteinander verbindet, aufrechtzuerhalten. Der Segen der Mantras liegt darin, uns dabei zu helfen. Und besonders dieses Mantra ruft tiefes Glück hervor, das so umfassend ist, dass es über den einzelnen Menschen sowie jegliche Art von Trennung oder Bewusstsein unserer Unterschiede hinausgeht.«

Miten

»Erwecke in der gesamten Welt nach oben, nach unten und nach Beschränkung, ohne Übelwollen

grenzenlose Liebe
allen Seiten – ohne
und ohne Feindschaft.«

Buddha

»ICH WÜNSCHTE, JEDER MENSCH KÖNNTE JEMANDEM BEGEGNEN, DER SO INSPIRIEREND UND VOLL STÄRKENDER KRAFT IST WIE UNSERE FREUNDIN ANAMA.

Ihr Gesicht ist von goldenen Locken umrahmt, die wie Sonnenstrahlen sind, und ihr einnehmendes Lächeln geht gern in ein ansteckendes Lachen über. Sie verbringt viel Zeit im Park mit ihrem geliebten Collie Momo, und sie liebt ihre beiden Katzen.
Was sie von den meisten Menschen unterscheidet, ist der Umstand, dass sie im Rollstuhl sitzt und vom Hals abwärts gelähmt ist. Mit 33 Jahren hatte sie einen Hirnstamminfarkt. Zuvor hatte sie als Krankenschwester in der Notaufnahme gearbeitet, war begeisterte Reiterin und fuhr Motorrad.
Natürlich hätte sie nie gedacht, dass ihr Leben an jenem schicksalhaften Sommertag zu einem so dramatischen Stillstand kommen würde.

Durch eine Nahtoderfahrung erlangte Anama Einsicht in das Ewige und begriff, dass die Zeit hier auf Erden eine relativ flüchtige Erfahrung ist, durch die wir lernen können. In jener Zeit, als sie ›die andere Seite‹ besuchte, gaben ihr zwei Dinge – ihre Katze Jonathan und eine liebevolle Botschaft von Osho – zu verstehen, dass es für sie noch nicht an der Zeit sei, ihren Körper zu verlassen.

Anderthalb qualvolle Jahre verbrachte sie im Locked-in-Syndrom. Innerlich war sie bei vollem Bewusstsein, hatte aber keine Möglichkeit, mit der Außenwelt zu kommunizieren.
Als sie endlich diesen Zustand und in der Folge auch das Krankenhaus verließ, hatte Anama den Mut, allein eine Wohnung zu beziehen, wo eine ganze Armada von Pflegern sie rund um die Uhr unterstützt. Allmählich brachte sie sich selbst zunächst wieder das Schlucken und dann das Sprechen bei, sodass sie sich mit ihren Betreuern verständigen konnte. Die ersten Jahre waren hart, sie weinte viel, hatte Schmerzen und träumte ständig davon, dass sie wieder gehen und sprechen konnte.

Aber durch ihren ungemein widerstandsfähigen Geist und die liebevolle Anleitung und Unterstützung ihres Gurus Samarpan, der in der Tradition Oshos steht, fand sie allmählich zur Lebensfreude zurück – und zwar so sehr, dass sie sagt, sie sei heute glücklicher als vor dem Schlag. Sie hatte immer im Außen nach dem Glück gesucht, doch nun ist sie in der Lage, die Quelle des Glücks in ihrem Innern zu finden. Mittlerweile erschließt sie sich so viel Freude auf eine Weise, die nicht von äußeren Ereignissen abhängt – denn diese entziehen sich ohnehin unserer Kontrolle.
Unsere Wege kreuzten sich erstmals, als sie sich 2005 an uns wandte. Sie wünschte sich einen Begleithund und bat uns, ihr dabei zu helfen, das nötige Geld zusammenzubringen. Unsere Chant-Community reagierte sehr großzügig. Nach nur wenigen Konzerten hatten wir das Geld beieinander, und ihr Wunsch konnte Wirklichkeit werden: Anama konnte nun Momo in ihr Leben einladen, den königlichen, weisen und mitfühlendsten Collie, den man sich vorstellen kann.
Momo hat Anamas Leben verändert und wurde ihr engster und treuster Gefährte. Gemeinsam gehen sie jeden Tag stundenlang in den Park, und Momo ist immer an ihrer Seite, neben dem Rollstuhl, ganz gegenwärtig und wachsam. Er kümmert sich liebevoll um sie.

Seitdem sind viele Jahre vergangen, und für Momo nähert sich die Zeit auf Erden leider dem Ende. Anama brauchte einen neuen Gefährten. Also haben wir auf unserer letzten Europatournee wieder mithilfe unserer Sangha, unserer Chant-Gemeinschaft, das Geld für ihren neuen Begleiter aufgebracht – einen wunderschönen Welpen namens Miro.
Wir sind unendlich dankbar, und es bewegt uns zu erleben, wie eine Gemeinschaft sich zusammenschließt und Hilfe spendet, wenn jemand seine Hand ausstreckt. Miro ist auch ein Collie und wird Anama bald Gesellschaft leisten. Und Momo wird gemeinsam mit seinem jüngeren Lehrling Miro natürlich bis ans Ende seines Lebens ein Zuhause bei seiner geliebten Anama haben.«

WIR SIND UNENDLICH DANKBAR, UND ES BEWEGT UNS ZU ERLEBEN, WIE EINE GEMEINSCHAFT SICH ZUSAMMENSCHLIESST UND HILFE SPENDET, WENN JEMAND SEINE HAND AUSSTRECKT.

Deva

Heilung

OM TRIAMBAKAM YAJAMAHE
SUGANDHIM PUSHTI VARDHANAM
URVAR-UKAMIVA BANDHANAN
MRITYOR MUKSHEEVA MAMRITAT

ICH VERBEUGE MICH VOR DEM WOHLDUFTENDEN,
DER MIT DEM DRITTEN AUGE SIEHT UND ALLE WESEN NÄHRT.
SEGNE MICH MIT GESUNDHEIT UND DER ERKENNTNIS MEINER UNSTERBLICHEN NATUR.
BEFREIE MICH VON DER ANGST VOR DEM TOD, SO WIE DIE GURKE
VON IHREM STIEL LOSGELÖST WIRD.

Dieses Mantra ist als MAHA-MRITYUNJAYA-Mantra bekannt, als »großes, den Tod besiegendes Mantra«. Es gehört zu den besonders kraftvollen Heilungsmantras und wird auch als »Herz der Veden« bezeichnet. In der Welt der Mantras steht es zusammen mit dem GAYATRI-Mantra an höchster Stelle. Shiva hat es im Rigveda offenbart, um Heilung zu fördern, uns Einsicht in unsere größte Angst zu geben und uns zu helfen, sie zu überwinden: die Angst vor dem Tod. Chanten wir dieses Mantra, wenn wir Heilung benötigen, so öffnen wir uns für jene Schwingung, die den Weg zu Gesundheit und Wohlergehen freimacht.

•ooooo•

SEI OFFEN FÜR DIE VIELEN WEISEN, IN DENEN MANTRAS UNS HEILEN.

•ooooo•

Wie bei allen Mantras und Gebeten liegt der Schlüssel darin, dass wir offen bleiben für die unterschiedlichen Weisen, in denen Mantras uns fördern und helfen. Wenn wir uns zum Beispiel in die Praxis von OM TRIAMBAKAM versenken, merken wir vielleicht, dass wir in die Richtung einer bestimmten Heilmethode oder zu einem bestimmten Heiler oder Arzt geleitet werden ... es ist ein mysteriöser Prozess. Genauso kann es sein, dass wir in uns durch das Wiederholen dieses Mantras »das, was nie stirbt« erfahren – und so unsere Angst vor dem Tod überwinden. Der damit einhergehende tiefe Friede und das Loslassen sind in sich eine tiefgreifende Heilung. Chante dieses Mantra, während du Medizin einnimmst oder dich einer Behandlung unterziehst. Du wirst feststellen, dass es die Wirkung von beidem enorm steigert. Klang hat Eigenschaften, die ungeheuer tief reichen, er vermag die heilsamen Vibrationen nachhaltig in unser Sein und unseren Körper zu geleiten. Wir kennen Heiler und Ärzte, die dieses Mantra anrufen, um in Verbindung mit dem Göttlichen zu treten und sich ins Bewusstsein zu heben, dass ohne göttlichen Willen keinerlei Heilung möglich ist. Wenn du einen Menschen kennst, der der Heilung bedarf, kannst du die Energie des MAHA-MRITYUNJAYA-Mantras zu ihm hin richten.

„It's not about the water,

it's all about the flow. The river is my teacher ..."
Miten – River Man

ZUR BEDEUTUNG DIESES MANTRAS GAB UNS SATISH KUMAR DIE FOLGENDE AUSLEGUNG, EIN EHEMALIGER JAINISTISCHER MÖNCH UND AKTIVIST:

OM TRIAMBAKAM YAJAMAHE SUGANDHIM PUSHTI VARDHANAM bedeutet: Indem wir unsere Vision mittels des dritten Auges verwirklichen und indem wir diejenigen ehren, die mit ihrem dritten Auge sehen können, verbreiten wir einen wunderschönen Duft beziehungsweise wunderbare Schwingungen. Dadurch, dass wir diese Liebe ausstrahlen, ziehen wir Gnade und lebensspendende Energie an.

URVAR-UKAMIVA BANDHANAN bedeutet: genauso wie die Gurke sich von ihrem Stängel löst. Das bezieht sich auf den Augenblick, in dem wir so reif und entwickelt sind, dass wir bereit sind, uns aus der Umklammerung der Todesangst zu lösen.

MRITYOR bedeutet Tod, MUKSHEEYA bedeutet frei, und MAMRITAT bedeutet: die Verwirklichung des ewigen Lebens; die Realisation unserer Unsterblichkeit.

Wenn wir dieses Mantra singen, befreien wir uns von der Täuschung, dass Leben und Tod zwei getrennte Dinge sind; wir erkennen die ewige Natur der Seele.

TRACK 7

DA WIR UNS MIT DIESEM MANTRA IM REICH VON GESUNDHEIT UND HEILUNG BEFINDEN, IST DIES IN UNSEREN AUGEN EIN GUTER MOMENT, UM MIT DIR EIN PAAR DINGE ZU TEILEN, DIE UNS IN UNSEREM NOMADENHAFTEN LEBEN WÄHREND DER LETZTEN JAHRZEHNTE GEHOLFEN HABEN, GESUND UND VOLLER ENERGIE ZU BLIEBEN. SO STARTEN WIR IN DEN TAG:

ÖLZIEHEN

Dies ist eine uralte Anwendung aus dem Ayurveda, die wir seit vielen Jahren praktizieren.
Nimm nach dem Aufwachen einen Teelöffel Kokosöl in den Mund und ziehe es 10 bis 20 Minuten lang durch die Zähne.
Kokosöl hat antibakterielle Eigenschaften und beugt Viren und Pilzbefall vor. Die heilsame Wirkung des Ölziehens reicht von der Stärkung des Immunsystems über die Verbesserung der Zahngesundheit bis hin zur Verringerung von Entzündungen im Körper.
Es entzieht dem Körper Giftstoffe. Deshalb ist es wichtig, das Öl nach der Anwendung auszuspucken und anschließend den Mund gründlich mit Wasser auszuspülen und sich die Zähne zu putzen.

WARMES ZITRONENWASSER MIT EINEM SCHUSS APFELESSIG

Um deinen Körper nach dem Ölziehen auf den neuen Tag vorzubereiten, die Verdauungssäfte anzuregen und die Leber auf sanfte Weise in Schwung zu bringen, trinke den Saft einer Zitrone, vermischt mit warmem Wasser. Achte darauf, dass das Wasser nicht zu heiß ist, denn das beeinträchtigt das Vitamin C und die Enzyme. Um noch mehr für deine Gesundheit zu tun, füge einen Löffel trüben Apfelessig, etwas Kurkuma und ein wenig schwarzen Pfeffer hinzu. Das klingt nach einer schlimmeren Mischung, als sie es tatsächlich ist. Sogar Miten mag dieses Getränk!

Unbehandelter trüber Apfelessig ist gut für Gelenke und Knochen, und er steigert den basischen Anteil im Körper, denn heutzutage ist unser Organismus oft übersäuert. Zudem reguliert Apfelessig den Blutdruck und löst Milchsäure auf.
Kurkuma ist ein hochwirksames Antioxidans mit entzündungshemmenden Eigenschaften. Schwarzer Pfeffer ist notwendig, damit der Körper die Wirkstoffe des Kurkuma besser aufnimmt.
Jede dieser Zutaten hat so viele positive Wirkungen auf die Gesundheit, dass wir sie hier gar nicht alle nennen können.

SCHÜTTELN

Eine der einfachsten Methoden, um sich auf den Tag einzustimmen und die Lebensenergie (das Chi) zum Fließen zu bringen, besteht darin, den ganzen Körper zu schütteln. Osho hat uns vor über 30 Jahren an das Schütteln herangeführt, und zwar durch eine seiner aktiven Meditationen, die als Osho-Kundalini-Meditation bekannt ist. Noch heute gehört das Schütteln des Körpers zu unserem Morgenritual.

Schüttele dich eine Viertelstunde lang (du kannst dafür Musik benutzen, die eigens dafür komponiert wurde: die erste Phase der Osho-Kundalini-Meditation).

Es ist ganz einfach: Nimm einen entspannten, schulterbreiten Stand ein, mit leicht gebeugten Knien – deine Augen sind geschlossen, sodass du die Empfindungen in deinem Körper gut wahrnehmen kannst. Lass ein sanftes Schütteln oder Zittern in dir aufsteigen, so als käme es aus der Erde: es beginnt in deinen Beinen und erfasst, allmählich deinen gesamten Körper.

Achte darauf, dass deine Schultern, Arme, Hände, Nacken und Kiefer ganz locker sind. Vertraue deinem Körper, dass er sich ganz natürlich bewegt und du Spannung abgeben kannst. Beziehe auch deine Hände und Handgelenke mit ein – schüttele den Stress von dir ab. Das fühlt sich so gut an!
Wie es dir die Zeit erlaubt, kannst du einfach nur ein paar Minuten schütteln oder länger. Wir schütteln uns meistens 15 Minuten lang.

Am Ende erlaube dem Schütteln behutsam abzuklingen. Es wird immer subtiler und kehrt allmählich in die Erde zurück; dein Körper ist ganz entspannt und ruhig.
Du wirst nun eine innere Schwingung spüren und merken, dass deine Körperzellen mit frischer Energie versorgt sind. Genieße es!

In der darauffolgenden Stille sei dir deines Atmens bewusst. Gib dir so viel Zeit, wie du brauchst, um die Wirkungen dieser Übung ganz auszukosten ... und dann wünschen wir dir einen wunderbaren Tag!

AUCH NUR EIN PAAR MINUTEN SCHÜTTELN WIRKEN WUNDER

»Der Mensch kann niemanden heilen. Es ist immer Gott, der heilt. Der Mensch kann die heilende Energie bloß übertragen – deshalb funktioniert Heilung. Nur drei, vier Leute – liebevolle Menschen – sitzen um den Kranken herum, halten sich an den Händen, singen ein Lied, chanten, und plötzlich spürt der Patient eine starke Aufwallung, er spürt, wie sich eine Veränderung vollzieht. Was geschieht? Diese vier Menschen sind mit ihrer Liebe zum Vehikel Gottes geworden, des Tao.«

OSHO

AUS: TAO. THE PATHLESS PATH. BAND 1, KAPITEL 8

Mitgefühl

OM TARE TUTTARE TURE SWAHA

ICH VERNEIGE MICH VOR TARA, DER MUTTER ALLER BUDDHAS,
DER GÖTTIN DES MITGEFÜHLS,
DER BEFREIERIN UND QUELLE ALLER WOHLTATEN.

Mit diesem Mantra betreten wir die magische Welt des tibetischen Buddhismus, ein Reich aus tiefem Gold und Bordeauxrot. Eines der wichtigsten Symbole des Gebets und der Hingabe im tibetischen Buddhismus ist die Gebetsmühle. Sie enthält in schriftlicher Form die heiligen Mantras, und wenn die Mühle gedreht wird, verbreiten sich die Gebete in alle Richtungen und in sämtliche Dimensionen.
Wenn wir chanten, werden wir selbst zu Gebetsmühlen, die den Segen der heiligen Klänge in die Welt tragen und noch darüber hinaus. Deshalb liegt so viel Gewicht auf der fortlaufenden Wiederholung der Mantras. Eine Möglichkeit, die es uns leichter macht, den Schwingungen nah zu bleiben, ist die, so oft wie möglich Mantra-Gesänge anzuhören – zum Beispiel, indem wir bei uns zu Hause Mantra-Aufnahmen per Dauerfunktion abspielen. Dann verankern sie sich in unserem Bewusstsein und Unterbewusstsein, und gleichzeitig bekommen destruktive oder nutzlose Gedanken weniger Raum. Unsere Handlungen sind die Folge dessen, was unsere Gedanken und Worte hervorbringen.

Das Mantra OM TARE TUTTARE TURE SWAHA ruft die göttliche Weiblichkeit in Gestalt Taras an, der Göttin des Mitgefühls. Sie tritt in 21 Formen auf, und jede davon hat eine ganz eigene Qualität und göttliche Wesenheit, die durch ihre jeweilige Farbe zum Ausdruck kommt.
Dieses Mantra beschwört die grüne Tara. Sie ist tätiges Mitgefühl, eine praktische, geerdete Göttin, die wie eine Mutter sofort herbeieilt, wenn ihr Kind um Hilfe ruft. Auf Bildern oder Skulpturen der grünen Tara wirst du sehen, dass sie eines ihrer Beine nach vorn streckt, sodass der Fuß schon den Boden berührt; so ist sie also bereit, jeden Moment ihren Lotosthron zu verlassen, wenn es die Situation erfordert.

MEDITATION ÜBER DAS MITGEFÜHL

Schließe deine Augen und versenke dich gedanklich in das Mitgefühl ... spüre, wie es sich in deinem Alltag, in deiner Familie, mit Freunden oder Menschen, die dir nahestehen, manifestiert. Beobachte, wie es sich insgesamt in deiner Weltsicht manifestiert, wie du auf Nachrichten reagierst und wie du Ereignisse wahrnimmst, die um dich herum geschehen. Achte auf deine Wahrnehmung dessen, wie und wo Mitgefühl geteilt wird, und auch darauf, ob du offen und in der Lage bist, es nicht nur selbst zu geben, sondern auch das Mitgefühl anderer zu empfangen. Mitgefühl bedeutet nicht, dass uns jemand anders leidtut. Fühle dich durchtränkt von dieser machtvollen Eigenschaft des Mitgefühls, die wir alle besitzen. Singe das Mantra OM TARE TUTTARE TURE SWAHA nicht nur für das Volk der Tibeter, sondern für die unterdrückten Völker auf der ganzen Welt. Und chante es auch für die Unterdrücker. Das ist aktives Mitgefühl.

MEDITATION: TRACK 4

" ... singing the holy name,

ringing the temple bell; there is no goal but this ..."

Miten – No Goal But This

»Wenn wir uns durch die Mantras darum, dass wir mit unseren höchsten dienen können und wir nicht von beschmutzt sind.«

reinigen, geht es letztendlich
Absichten anderen besser
egoistischen Vorhaben

Maharaja von Jambange Mohan Govindasamy

Im Jahr 2002 waren wir eingeladen worden, ein Konzert auf der internationalen Konferenz »Unity in Duality« zu geben, bei der Natur- und Geisteswissenschaftler in München zusammenkamen. Seine Heiligkeit der Dalai Lama führte den Vorsitz zusammen mit einigen der profiliertesten Wissenschaftler der Welt. Es ging um die Auseinandersetzung mit dem Wesen der Dualität, und zwar aus der Perspektive des Buddhismus im Vergleich mit der Sicht westlicher Wissenschaft und Forschung. Wir wurden auch gebeten, in kleinem Rahmen persönlich für den Dalai Lama zu singen. Es sollte für uns einer der bedeutendsten Augenblicke überhaupt werden. Da wir gehört hatten, dass OM TARE TUTTARE das Lieblingsmantra das Dalai Lama ist, mussten wir nicht lange überlegen, was wir singen würden.

OM TARE TUTTARE IST DAS LIEBLINGS-MANTRA DES DALAI LAMA.

Am Tag der Konferenz versammelten wir uns in einem Raum, der der Öffentlichkeit nicht zugänglich war; außer uns waren noch die geladenen Wissenschaftler da, die zum Dalai Lama über ihr Forschungsgebiet sprechen sollten, während er zuhören und dies kommentieren sollte. Als er – umringt von Bodyguards, Übersetzern und Fernsehteams – eintraf, begrüßte er uns alle, lachte und lächelte freundlich.

An eine Bemerkung Seiner Heiligkeit werden wir uns immer erinnern. Er begrüßte einen Wissenschaftler, den er in der Vergangenheit schon einmal getroffen hatte, und überraschte jeden der Anwesenden mit folgender Bemerkung: Er erinnere sich daran, dass der Wissenschaftler gesagt habe, das Anhaften an Ideen sei ein Hindernis auf dem Weg zu wissenschaftlicher Erkenntnis. Und der Dalai Lama fügte hinzu, dass er sich seit dieser Begegnung seiner Anhaftung an den Buddhismus bewusst geworden ist und daraufhin Loslösung praktiziert habe – was für eine Demut und welch wunderbarer Humor!
Am Ende des Treffens wurden wir ihm vorgestellt, und er hieß uns mit herzlichem Händedruck und seinem typischen warmen, liebevollen Lächeln willkommen. Sein Lächeln ging in einen Ausdruck amüsierter Überraschung über, als wir anfingen zu chanten. Nachdem sich seine Überraschung gelegt hatte, lehnte er sich zurück und schloss die Augen, während wir sangen. Als wir unseren Gesang beendet hatten, schien der gesamte Raum in eine unberührte, zeitlose Stille getaucht zu sein, die schließlich vom Dalai Lama selbst gebrochen wurde; er lachte und sagte: »Was für eine wunderwunderschöne Musik!« Diesen Augenblick werden wir nie vergessen.

LIEBE UND MITGEFÜHL SIND NOTWENDIGKEIT,
KEIN LUXUS. OHNE SIE KANN DIE MENSCHHEIT
NICHT ÜBERLEBEN.
Dalai Lama

Vollkommenheit

OM PURNAMADAH PURNAMIDAM
PURNAT PURNAMUDACHYATE
PURNASYA PURNAMADAYA
PURNAMEVAVASHISHYATE
OM SHANTI SHANTI SHANTI

JENES IST VOLLKOMMEN. DIESES IST VOLLKOMMEN.
AUS DEM VOLLKOMMENEN WIRD DAS VOLLKOMMENE MANIFESTIERT.
WENN MAN DAS VOLLKOMMENE VON DEM VOLLKOMMENEN WEGNIMMT,
BLEIBT IMMER NOCH VOLLKOMMENHEIT BESTEHEN. MÖGE FRIEDE IN MEINEM HERZEN,
FRIEDE UNTER UNS MENSCHEN UND FRIEDE IM KOSMOS SEIN.

Das OM PURNAM ist das erste Mantra der Isha-Upanishad. Es erinnert uns daran, dass jeder von uns Teil des Göttlichen und somit nichts Geringeres als göttlich ist. Anders gesagt, wir leben in einer unentrinnbaren Vollendung – einer »Göttlichkeit«, bei der jeder von uns ein Mikrokosmos ist, in sich ganz und vollkommen, so wie ein Regentropfen ein Teil des Meeres ist.

»HEUTE WIE AN JEDEM
ANDEREN TAG WACHEN WIR
LEER UND ÄNGSTLICH AUF.

ÖFFNE NICHT DIE TÜR ZUM
ARBEITSZIMMER UND FANGE AN ZU
LESEN, NIMM EIN MUSIKINSTRUMENT,
AUF DASS DIE SCHÖNHEIT, DIE
WIR LIEBEN, DAS IST, WAS WIR TUN.

ES GIBT HUNDERT WEGE,
AUF DIE KNIE ZU GEHEN UND
DEN BODEN ZU KÜSSEN.«

Rumi

»Ich habe eine Weile gebraucht, bis ich die Bedeutung dieses Mantras begriff. Bis dahin hatte ich das Göttliche immer als etwas betrachtet, das außerhalb von mir ist. Die Welt, andere Menschen ... In anderen konnte ich das Göttliche durchaus erkennen und konnte auch die Entfaltung der Ereignisse in meinem Leben als Lila begreifen – als göttliches Spiel. Aber es fiel mir schwer, diese Erkenntnis mit meiner eigenen Existenz in Verbindung zu bringen.
Eines Tages wurde mir während des Meditierens plötzlich klar, dass ich unterbewusst von einer bestimmten Auffassung geprägt war: Ich empfand eine illusorische, unsichtbare Grenze, von der ich dachte, sie würde mich vom Leben trennen. Als ich dies erkannte und ins Licht meines Bewusstseins hob, erschien mir das Ganze plötzlich absurd. Ich wurde gewahr, dass das Göttliche natürlich alles durchdringt – mich selbst eingeschlossen! Diese Klarheit öffnete mich innerlich für das Mitgefühl und ermöglicht mir, in dem Vertrauen zu leben, dass alles göttlicher Wille ist ... selbst meine vermeintlichen Fehler.«

Deva

ICH WURDE GEWAHR, DASS DAS GÖTTLICHE NATÜRLICH ALLES DURCHDRINGT – MICH SELBST EINGESCHLOSSEN!

DIE OM PURNAM MEDITATION

Nachdem du das Mantra gesungen oder einfach seinen Klang in dich aufgenommen hast, schließe die Augen und atme einige Male tief ein und aus. Wenn dein Atem wieder gleichmäßig fließt, öffne die Augen; schau dich im Zimmer um und bewahre dabei das Gefühl des inneren Zentriertseins. Nimm dich selbst als vollkommen wahr.

Lass dich vom Kern dieses Mantras, von seiner Botschaft durch den Tag geleiten. Wenn dein Geist anfängt, sich damit zu beschäftigen, was an dir oder an anderen »nicht stimmt«, dann kehre ganz bewusst zur Formulierung OM PURNAM zurück, die jenen nicht-wertenden, mitfühlenden Zustand der Gnade bezeichnet, die Erfahrung, mit allem verbunden und eins zu sein. Rufe dir deine eigene Vollkommenheit ins Bewusstsein.

MEDITATION: TRACK 5

»Den Upanishaden zufolge ist das Universum eine Ganzes. Die Teile sind nicht voneinander getrennt, die Bäume, die Berge, die Menschen, die Vögel, sie uns erscheinen – lass dich nicht vom Schein verflochten und verknüpft. Selbst der kleinste Gras-verbunden und ist genauso wichtig wie die größte ist kleiner als etwas anderes. Das Teil repräsentiert die Vollkommenheit in sich trägt.«

unteilbare Totalität; es ist ein organisches
wir alle existieren in Verbundenheit:
die Sterne, egal wie weit entfernt
täuschen. All das ist miteinander
halm ist mit dem entlegensten Stern
Sonne. Nichts ist unbedeutend, nichts
das Ganze, so wie der Same bereits

OSHO

AUS: PHILOSOPHIA ULTIMA NR. 1

Fülle

OM SHRIM MAHALAKSHMIYEI NAMAHA

ICH GRÜSSE DIE IM HERZEN WOHNENDE GROSSARTIGE LAKSHMI.
MÖGEST DU JEDEN VON UNS MIT DEINEN WOHLTATEN SEGNEN.

OM SHRIM MAHALAKSHMIYEI NAMAHA

DAS MANTRA OM SHRIM MAHALAKSHMIYEI NAMAHA BIRGT DIE SCHWINGUNG DER FÜLLE.

Das Mantra OM SHRIM MAHALAKSHMIYEI NAMAHA birgt die Schwingung der Fülle. Es enthält zwei Bija-Mantras, zwei Keimsilben- oder Samenklänge: OM, das wir bereits kennen, und SHRIM, das uns öffnet und für üppige Segnungen empfänglich macht, seien sie materieller oder spiritueller Natur.

MAHA bedeutet großartig und herzzentriert. Wir machen Raum für eine Fülle, die allen zugutekommt, indem sie von einem Herzen zum anderen überfließt.

LAKSHMI ist die Göttin des Reichtums und des Erblühens; ihren Namen zu chanten gibt uns gewaltige Schübe an kreativer Energie.

YEI ist die Kraft oder »*shakti*«, die notwendig ist, um die Energie der Fülle hier auf Erden zu manifestieren.

»Viele sagen, das Leben sei mithilfe der Musik in den menschlichen Körper gelockt worden. Die Wahrheit ist aber, dass das Leben selbst Musik ist.«

Hafis

GROSSZÜGIGKEIT IST
DER SCHLÜSSEL ZUR FÜLLE.

WIE LEBST DU FÜLLE?

Finde heraus, was Fülle für dich persönlich bedeutet. Sei dir während des Chantens bewusst, wie sich ein erfülltes Leben anfühlt. Alles ist möglich, fasse also eine klare Intention. Richte deine Aufmerksamkeit zum Beispiel auf inneren Frieden oder Erfüllung, auf tiefe Freundschaften, Gesundheit oder auch finanziellen Reichtum – alles gehört mit dazu. Lakshmi heißt alles willkommen.

Haben wir manchmal Angst vor der Fülle? Sind wir in der Lage, mehr Fülle in unser Leben einzuladen, ohne Angst zu bekommen oder ein schlechtes Gewissen zu haben? Das sind wichtige Fragen.

Während du das OM SHRIM MAHALAKSHMIYEI NAMAHA singst, erlaube deinem Herzen, sich für das Universum zu öffnen. Umarme das Ja! Nur keine Hemmungen, lass los!

Der Moment gehört dir. Breite deine Flügel aus und singe ein Lied der Dankbarkeit für all die unbemerkten Wunder, die dich Tag für Tag aufs Neue beglücken. Singe, weil du teilhast am Wunder des Atmens, am Wunder jenes großen Mysteriums namens Leben. Wo auch immer du bist, was immer mit dir geschehen mag, denke daran, dass das Leben dazu da ist zu lernen. Jede Herausforderung kannst du als ein Geschenk betrachten, als Chance zu lernen, zu wachsen und dich deinem eigentlichen Potenzial anzunähern. Teile deine Liebe und deine Fülle mit Freunden, deiner Familie, Arbeitskollegen und unbekannten Menschen. Halte nichts zurück! Wahre Fülle liegt in der Erkenntnis, dass wir unendlich viel zu geben haben. Wir haben mit der gesamten Welt daran teil. Das ist die Welt Lakshmis.

TRACK 3

»In Fülle zu leben ist für mich das einzig Spirituelle auf der Welt. Sieh dir nur das Sein und seine Fülle an. Wozu braucht man so viele Blumen auf der Erde? Rosen allein hätten gereicht, aber das Sein ist Fülle: Millionen und Abermillionen Blumen, Millionen Vögel, Millionen Tiere – alles ist in Hülle und Fülle vorhanden. Die Natur kennt keine Askese; sie gibt sich überall dem Tanz hin – vom Meer bis zu den Bäumen. Sie singt überall – im Wind, der durch die Kiefern rauscht, in den Vögeln. Wozu braucht man Millionen von Sonnensystemen, von denen jedes Millionen Sterne birgt? Dafür scheint es keine Notwendigkeit zu geben, außer dass Fülle das Wesen des Seins ist, dass Reichtum den Kern bildet, dass das Sein nicht an Armut glaubt.«

OSHO

AUS: BEYOND PSYCHOLOGY, KAPITEL 9

»Eine der wichtigsten Lebenslektionen drehte sich für mich um die Frage der Fülle, und ich werde sie nie vergessen. Es war Anfang der 90er-Jahre, Miten und ich reisten schon einige Jahre durch Europa und teilten unsere ekstatischen Chant-Workshops und unsere von Musik begleiteten Satsang-Meditationen mit anderen Menschen.

Ich machte mir Sorgen um unser Auskommen und fragte Miten eines Tages: ›Sollen wir mit diesem Leben so weitermachen? Wir verwenden all unsere Energie und Zeit darauf, durch unser Chanten das Meditieren zu einem Gemeinschaftserlebnis werden zu lassen, aber es scheint, dass wir, was das Existenzielle betrifft, nicht wirklich unterstützt werden. Ist diese fehlende weltliche Unterstützung ein Zeichen, dass wir auf dem falschen Weg sind, oder ist sie ein Hindernis, das wir überwinden müssen? Woher weiß ich, was Hari, das Göttliche, uns sagen möchte?‹

Miten antwortete mit einer Gegenfrage. Sie war ganz schlicht und hallt immer noch in meiner Seele nach. Er fragte mich: ›Bereitet dir das, was du tust, Freude? Ist dein Herz davon erfüllt? Wenn ja, dann bist du auf dem richtigen Weg.‹ Seine Antwort löschte in mir sofort alle Zweifel, und sie kehrten auch nie mehr zurück. Natürlich liebte ich mein Leben. Ich durfte mit meinem geliebten Partner zusammen Musik machen, quer durch die Welt reisen und mein Leben mit Gleichgesinnten teilen – meine Sorgen waren nichts weiter als Ängste, die ich auf die Zukunft projiziert hatte. In dem Moment erkannte ich, dass ich schon alles hatte, was ich mir je wünschen könnte.

Miten kommt ohne Existenzängste aus, das ist seine Art zu leben. Bis heute ist er stets bereit, ›alles einfach fallen zu lassen‹, um seiner Vision treu zu bleiben. Und seine Gegenfrage gab mir den Mut, ›das, was ist‹ anzunehmen, mich zu entspannen und den Augenblick zu genießen. Und was für ein grandioser Augenblick, wenn die Angst verschwunden ist! Seit dem Tag habe ich nie mehr zurückgeblickt.«

Deva

BEREITET DIR DAS,
WAS DU TUST,
FREUDE?

Bewusstheit

OM NAMAH SHIVAYA

ICH VERNEIGE MICH VOR DIR, OH SHIVA, ZERSTÖRER DER ILLUSION.

Der Kreislauf der Schöpfung besteht aus drei Phasen: Entstehung, Erhaltung und Tod. Im Hinduismus spiegelt die Dreieinigkeit der Götter Brahma, Vishnu und Shiva diesen Zyklus wider. Brahma ist der Schöpfer, Vishnu der Bewahrer und Shiva der Zerstörer.

Shiva besitzt viele Seiten. Wie unser lieber Freund, der Baba Julian Millane es formuliert: »Shiva vereint alle widersprüchlichen Seiten der menschlichen Natur in sich. Er ist der freudvolle König des universalen Tanzes und der entschlossene Zerstörer von Dämonen, der archetypische, asketische Yogi und der trunkene Verführer der Frauen von Weisen, er treibt sich auf Leichenstätten herum und ist die Verkörperung einer unbezähmbaren Lebensenergie.«

Als Nataraja, als Herr des Tanzes, herrscht Gott Shiva über Schöpfung und Verwandlung, absolut furchtlos, mit seinem Tanz der Glückseligkeit alle Grenzen überwindend.

Shiva ist aber auch der Zerstörer von Dämonen – der Zerstörer falscher Sichtweisen, der Zerstörer des Egos und er steht letzten Endes für die Bewusstheit an sich.

Für die unter uns, die nicht in Indien aufgewachsen sind, ist es mitunter schwierig, die tiefere Bedeutung der unterschiedlichen Gottheiten zu verstehen. Und es stellt sich die Frage, ob wir an Shiva, Krishna, Hanuman, Saraswati und all die anderen »glauben« müssen und ob wir durch das Chanten dieser heiligen Namen selbst »Hindus werden«.

> DIE GÖTTER STEHEN FÜR DAS SPIEL DES SEINS IN ALL SEINEN MANIFESTATIONEN.

Die Götter stehen für das Spiel des Seins in all seinen Manifestationen. Sie geben Konzepten, die uns sonst vielleicht fremd und ungreifbar erscheinen, eine Form. Es sind universale Aspekte unserer inneren Welt, die wir alle miteinander teilen, ganz egal, welche Nationalität wir haben oder welcher Kultur und welchem Glaubenssystem wir anhängen.

Statt also einfach verstandesmäßig zu wissen, dass Shiva »Bewusstsein« oder »der Zerstörer des Egos und der Illusion« ist, ist es viel wirksamer, sich auf eine körperliche Darstellung oder Form zu beziehen. Im Falle Shivas sehen wir beispielsweise einen schönen, starken, gesunden Mann, aus dessen langen Dreadlocks der Ganges fließt; um seinen Hals windet sich eine Schlange, seine Waffe ist ein Dreizack, und auf seiner Stirn zeichnet sich das dritte Auge ab.

Wenn wir diese Attribute über unsere Augen in uns aufnehmen oder sie uns vorstellen, während wir Shivas Energie anrufen, übermittelt jedes davon unserem Unbewussten eine bestimmte Botschaft und stimmt uns auf eine bestimmte Schwingung ein, genau wie das Mantra.

Wenn wir zulassen, dass wir uns auf Götter beziehen, die in der Gestalt eines »blauen Knaben« oder eines »Mannes mit großem, rundem Bauch und Elefantenkopf« oder eines »andachtsvollen Affen« auftreten, öffnen sich unsere Herzen auf spielerische Weise.

SHIVA ZERSTÖRT, WAS FÜR UNS AUF UNSEREM WEG NICHT HILFREICH IST.

Shiva zerstört, was für uns auf unserem Weg nicht hilfreich ist, das, was uns an Leiden und Unglück bindet: das Ego. Shiva ist das alles durchwaltende Bewusstsein. Das Bewusstsein, das in jedem von uns wirkt. Shiva ist unser wahres inneres Selbst – jenseits aller Bezeichnungen, er ist jene göttliche Essenz, die unzerstörbar ist, die keinen Anfang und kein Ende hat.

„Wild flower in a wild wind, wild voice singing deep within,

wild night when your dreams come true
Its happening to me and you ..." Miten – Strength of a Rose

OM NAMAH SHIVAYA MEDITATION

Bevor du anfängst, dieses Mantra zu chanten, schließe deine Augen und nimm dir einen Moment Zeit, um zu schauen, in welchem Bereich deines Lebens du die Seite von Shiva entdecken kannst, die Falsches zerstört. Vielleicht erinnerst du dich an einen Vorfall, bei dem es schien, als sei etwas zerstört worden, aber im Grunde ergab sich daraus etwas Gutes.

Möglicherweise war dir das damals gar nicht klar, aber die Zerstörung war in Wirklichkeit Teil einer neuen Schöpfung. Nimm ein paar tiefe Atemzüge und lass dich von dieser Einsicht und Dankbarkeit begleiten, wenn du nun das Mantra singst.

MEDITATION:
TRACK 2

•∘∘∘∘•

WIR KÖNNEN WIE KÖNIGE UND KÖNIGINNEN CHANTEN STATT WIE BETTLER.

•∘∘∘∘•

»Für mich bedeutet Shiva in Gestalt des Königs des Tanzes, dass der Tanz den Tänzer umfließt und umschließt, bis sich sein Ego auflöst. Diese Zerstörung des Egos manifestiert sich auf viele unterschiedliche Weisen. Es muss nicht unbedingt eine gewaltsame, aggressive Zerstörung sein – es kann auch einfach sein, dass sich etwas auflöst, etwa dass wir uns der Illusion der Dualität bewusst werden.

Natürlich stellt dies für jeden von uns eine Herausforderung dar, denn es ist alles andere als leicht, die Vorstellung von dem, wer wir sind, fallenzulassen. Shiva ist ›unerschütterliche Gnade‹, wie Ram Dass es nennt. Ekstase ist nicht billig zu haben, wir müssen uns auf etwas einlassen, uns verpflichten, Risiken eingehen. Wir sind aufgefordert, etwas zu wagen, denn das schafft Situationen, in denen wir die Möglichkeit haben, uns im Tanz zu verlieren, mit dem Tanz zu verschmelzen ... dem Tanz des Lebens.«

Miten

»Am meisten nährt uns das Singen dieses Mantras, wenn wir innerlich voller Dankbarkeit sind und das, was ist, akzeptieren; wenn wir das, was ist, liebevoll annehmen und erkennen, dass alles, was geschieht, Teil des göttlichen Lila ist.

Wir können wie Könige und Königinnen chanten statt wie Bettler. Wir können das Geschenk des Lebens, das uns vergönnt wurde und zu dem alle Farben des Regenbogens gehören, feiern. Diese Stimmung von Liebe, Sich-Überlassen, Hingabe und Vertrauen ist der Nährboden, auf dem sich die Verwandlung vollziehen kann.«

Deva

»Shiva umfasst alles, umfasst alle
Göttliche, ausnahmslos. Er lebt im
zugleich auf dessen Außenwänden.
kann, stimmt etwas nicht. Das Leben
daran beteiligen. Und je stiller du
deine Mitwirkung.«

Gegensätze – umfasst alles
Innersten des Tempels und tanzt
Wenn der Weise nicht tanzen
ist ein Tanz. Du musst dich
wirst, desto inniger ist

OSHO

AUS: WALK WITHOUT FEET, FLY WITHOUT WINGS, NR. 1

Manose

Unser leuchtender Stern

JEDER, DER IHN ERLEBT HAT, WIRD BESTÄTIGEN, DASS MANOSE EIN LEUCHTENDER STERN IST.

Jeder, der ihn erlebt hat, wird bestätigen, dass Manose ein leuchtender Stern ist. Er trat erstmals in unser Leben, als wir 2002 unser Album »Embrace« aufnahmen. Für einige der Mantras, die wir aufnahmen, brauchten wir eine traditionelle indische Bambusflöte *(bansuri)*, und so wandten wir uns an unseren damals noch neuen Freund Jai Uttal (Gott segne ihn), und er nannte uns einen jungen Bansuri-Meister aus Nepal, der gerade in der Gegend war.

Als Manose ins Studio kam, waren wir von seinem verspielten Wesen sofort bezaubert. Sobald er die ersten Töne gespielt hatte (es war das Lieblingsmantra des Dalai Lama: OM TARE TUTTARE), waren wir ganz beschwingt. Er brauchte keinerlei Anleitung ... es war, als hätte er unsere Musik schon jahrelang gespielt. Später erzählte er uns, dass er nach einem Weg gesucht hatte, um sich in einem nichttraditionellen Musikumfeld auszudrücken, und unsere Musik bot ihm genau die Gelegenheit, nach der er gesucht hatte. Für Deva und mich war es Liebe auf den ersten Blick! Und natürlich bekam er den Job! Bald darauf luden wir ihn auf unsere Tourneen ein. Seine Leistungen im Studio sind unvergleichlich, aber auf der Bühne leuchtet er – er verströmt so viel liebevolle Energie, dass man ihm nicht widerstehen kann.

Musik machen ist das Gleiche wie Liebe machen – es ist ein stiller Ausdruck reiner Energie. Auf diese Weise vereinigen sich Deva, Manose und ich jedes Mal in Liebe, wenn wir gemeinsam musizieren. Für uns ist es eine tantrische Erfahrung.

MANOSE WAR DAS GLIED, DAS FEHLTE.

Manose war das Glied, das fehlte – wir bilden ein harmonisches Dreieck, und für dieses unerwartete existenzielle Geschenk werden wir drei immer dankbar sein.

Deva und ich haben im Laufe der Jahre schon mit einigen wirklich bemerkenswerten Musikern gespielt, aber nur wenige haben unseren Groove so innig verstanden wie Manose. In musikalischer Hinsicht vervollständigen wir einander.

„I can hear your music.

I can hear your song, as wild and free as the child in me,
so clear, so strong …" Miten – I Can Hear Your Music

Der Tag, an dem Manose in das Studio kam, liegt nun 15 Jahre zurück, und seitdem haben Deva und ich seinen Lebensweg verfolgt, jene herzliche und respektvolle Art und Weise, mit der er auf Menschen zugeht, immer bereit zu helfen, immer offen für Anregungen; Manose ist jemand, der sich in seiner Haut offensichtlich rundum wohlfühlt.

Über die Jahre hinweg hat er sich zu einem großartigen Sänger und Komponisten entwickelt, und seine Fähigkeiten auf der Bansuri werden immer noch beeindruckender. Heute ist er glücklich mit Maya verheiratet, die ihn damals als junges Mädchen in das Studio in Marin County begleitet hatte.

Sie haben eine Tochter namens Karuna, die das bezauberndste kleine Mädchen ist, das man sich vorstellen kann.

Manose macht auch erfolgreich Fotos und Filme. Ja, alles, was er anfasst, wird zu Gold – er steckt voller Enthusiasmus und feinfühliger Ausdruckskraft. Mittlerweile hat er noch ein zweites Lieblingsinstrument, die Ukulele, die nun auch bei unseren Aufnahmen und Konzerten dabei ist. Er nimmt sie mit, wo immer wir hinreisen, findet spontan zu neuen Liedern und Melodien und macht die Welt und alle um ihn herum einfach ein kleines bisschen glücklicher.

Danke dir, Manose, Bruder und Sohn. Dafür, dass du uns all diese Jahre so liebevoll gesegnet hast.

DEIN VERSPIELTES LÄCHELN, DEIN GROSSZÜGIGES HERZ UND DAS, WAS DU ANDEREN MUSIKALISCH SCHENKST – WAS TÄTEN WIR OHNE DICH!

Alles Liebe von uns beiden.
Deva & Miten

Musik

Mein lebender Guru

von Miten

NACHDEM DEVA UND ICH INDIEN VERLASSEN HATTEN, REISTEN WIR DURCH EUROPA UND BOTEN GESANGSWORKSHOPS AN UND EINE FORM VON MEDITATION, DIE VON MUSIK BEGLEITET IST UND VON OSHO STAMMT. SIE HEISST SATSANG, WAS AUF SANSKRIT »ZUSAMMENSEIN IN WAHRHEIT« BEDEUTET.

Ich weiß noch, wie Deva und ich einen Workshop auf Korfu hielten und ich eine Offenbarung hatte, und zwar mitten während des OM ASATOMA.

Es war eine Session mit unglaublich viel Energie, der Raum war voller Leben, so viele energiegeladene Stimmen vermengten sich in schönster Harmonie.

IN DEM MOMENT WURDE MIR DIE KRAFT DER MUSIK ZUTIEFST BEWUSST.

Plötzlich hörte ich, wie Osho zu mir sprach: »Dies ist dein lebender Guru.« In dem Moment wurde mir die Kraft der Musik zutiefst bewusst. In jener kurz aufblitzenden Einsicht begriff ich, dass Osho mir die Musik als einen lebenden Guru geschenkt hatte.

Ich hatte ihn oft sagen hören: »Sei mit einem lebenden Meister«, was mich manchmal verwirrt hatte – aber plötzlich, im Zentrums des Zyklons, verstand ich, was er meinte. Osho war physisch nicht mehr unter uns – seine Art, mich zu unterstützen, war nun die Musik.

Seit dem Tag verbeuge ich mich vor dem Geist der Musik und ehre die Musik als meinen lebenden Guru. Sie ruft mich immerfort aus der Dunkelheit ins Licht, lockt mich ins Herz des Kosmos, fordert mich zu einem höheren Ausdruck heraus und wird nicht müde, mich zu einer tieferen Annahme desjenigen, der ich bin, zu ermutigen. Sie segnet mich fortwährend ... eine wilde Geliebte – ein Guruji – und etwas, das noch lange gegenwärtig und erreichbar sein wird, wenn mein Körper schon längst verschwunden ist.

Das Wunder besteht darin, dass die Musik mich so akzeptiert, wie ich bin. Sie versteht, dass mein Ausdruck vielleicht nicht der allerhöchste ist – ich bin nicht Stevie Wonder, so viel ist klar! Aber das macht nichts, ich werde genau so angenommen, wie ich bin. Ich widme ihr meine Hingabe, meine Bemühungen und Widrigkeiten, meine Siege und Enttäuschungen, und dies anzunehmen ist das wahre Geschenk eines Guru.

GURUJI

If I am not my body
If I am not my mind
If I am not my emotions
Who is the one crying?

If I am not the teachings
If I am not the word
If I am only sleeping, John
What was that song I heard?

It was you – you were the music
You were the poetry
You – you were the laughter
Jai Guru Dev
Guruji

If I am not the traveller
Where then do I belong?
If I am only flesh and blood
From where comes this song?

For you – you are the music
You are the golden key
You – you are the answer
Jai Guru Dev
Guruji

Wenn ich nicht mein Körper bin
Wenn ich nicht mein Verstand bin
Wenn ich nicht meine Gefühle bin
Wer ist es dann, der da weint?

Wenn ich nicht die Lehren bin
Wenn ich nicht das Wort bin
Wenn ich nur am Schlafen bin, John
Was war das für ein Lied, das ich gehört habe?

Du warst es – du warst die Musik
Du warst die Poesie
Du – Du warst das Lachen
Jai Gurudev
Guruji

Wenn ich kein Reisender bin
Wo gehöre ich dann hin?
Wenn ich nur Fleisch und Blut bin
Woher kommt dann dieses Lied?

Weil du die Musik bist
Du bist der goldene Schlüssel
Du – Du bist die Antwort
Jai Gurudev
Guruji

•oooo•

MIT DEM LIED GURUJI DANKE ICH MEINER HEILIGEN DREIEINIGKEIT DEN DREI GROSSEN LEHRERN MEINES LEBENS.

•oooo•

- Osho, der mir das Leben gerettet hat.

- John Lennon, der mir die Ekstase der Soulmusik nahegebracht hat und Bücher schrieb, die den jungen Teenager so zum Lachen brachten, dass ihm der Bauch wehtat. Als der Dalai Lama gebeten wurde, die drei wichtigsten Qualitäten zu nennen, die für die spirituelle Reise nötig sind, antwortete er: Mitgefühl, Vergebung und Humor. John Lennon hat einer ganzen Generation die Erlaubnis gegeben aufzuwachen, sich in Erstaunen versetzen zu lassen, zu singen und viel zu lachen. Gott segne dich, John ... John (und George Harrison) hat mich auch zur Meditation geführt, und durch seinen Einfluss habe ich überhaupt zu Osho gefunden.

- Und schließlich, aber ganz sicher nicht an letzter Stelle, ist da die Musik – die große und großartige Befreierin.

Miten

DANKE

Ewige Pranaams, respektvolle Verbeugungen, vor unserem geliebten Guruji Osho, der uns vom allerersten Ton an inspiriert hat – er war mutig und voller Mitgefühl und standhaft in seinem Bemühen, der Menschheit zu helfen, ganz egal, wie viel Spott und Misstrauen ihm entgegenschlugen; er ist der am meisten missverstandene Mensch der Geschichte (und der witzigste)!

Dank an unsere Eltern, Wolfgang Fries und Gyan Viten sowie Frank und Ena Desmond, die unsere Ohren für Musik, Rhythmus und die heilende Kraft des gemeinsamen Singens geöffnet haben.

An unsere liebe Freundin und Managerin bei Prabhu Music, Hannah Green, und an Anja Schmidt vom Arkana Verlag, dafür, dass sie immer an dieses wunderschöne Projekt geglaubt haben, auch in Momenten, in denen wir daran zweifelten.

An unseren geliebten Manose, der sein Strahlen so großzügig mit anderen teilt, egal ob es um Musik geht oder um Fotografie.

An unseren Aschram-Genossen Rishi, der uns all die Jahre unterstützt, ermutigt und bestärkt hat, der bei »The Essence« Großartiges geleistet hat und stets das Schöne würdigt.

An die Freunde und Kollegen bei White Swan Music, USA: Parmita Pushman.

DANKE

Dank unseren Gewährsleuten unterwegs: Joby Baker (Musiker/ herausragender Sänger, Feinschmecker, der Mann mit dem besten Bart in der Band, Plattenproduzent und geschätzter musikalischer Führer), Sakha (Konzert-Sound), Sharon Huizinga (Licht & Bühnendesign), Nityanando (Fahrer), Bill Berkshire (Bühnen- & Tontechnik), Adrian Dolan (Konzert-Sound), Suzi Green (Tourmanagerin in Europa), Tavi Black (Tourmanagerin in den USA).

Für die Unterstützung bei der Übersetzung der Mantras: Mohan Govindasamy, Namadeva und Satyabhama Ashley-Farrand (Sanskritmantra.com), Baba Julian Millane.

Für Lektorat, Beratung und Korrektorat der englischen Fassung: Nirvesha, Zoë Kors und John Benedict. Für die Übersetzung ins Deutsche: Antje Korsmeier; Lektorat: Diane Zilliges; Design: Marthe Kölln.

Für familiäre Unterstützung und Liebe: Ilonka, Viola, Niko, Sammy D.

Dem Prabhu Music Office: Cath Stubberfield, Naveen, Paul Temple (USA).

Für Inspiration, Weisheit und Lachen: Shyamdas, Stephan Rechtschaffen, Rafia.

Und Dank an unsere geliebte Sangha, die über die gesamte Welt verteilt ist.

IMPRESSUM

2. Auflage
Originalausgabe
© 2017 Arkana, München
in der Verlagsgruppe Random House GmbH, Neumarkter Straße 28,
81673 München

Übersetzung aus dem Englischen: Antje Korsmeier
Lektorat: Diane Zilliges
Umschlaggestaltung: ki 36 Editorial Design, München
Umschlagmotiv: Autoren: Arterium Angledal
Illustration Punkte: Afanasia/istockphoto

FSC www.fsc.org MIX Papier aus verantwortungsvollen Quellen FSC® C010328

Verlagsgruppe Random House
FSC® N001967

Bildnachweis: Alle Fotos von Deva, Miten und Manose etc.: Deva, Miten, Manose, Rishi, Viola Mezera, Baba Khalid, Mads Mogensen, Wari Om, Donatella Parisini, Arterium, Michael Mayzel, Manartha, Andrei Jewell, Raj Naik, Toby King, Sharon Huizinga, Brad Oliphant, Blackie, Rob Verhorst, Dmitry Shimanovsky, Nina Konjini

Weitere Fotos: iStock: 7, 59, 60, 61, 63, 68, 69, 70, 89, 98, 100, 103, 111, 116, 120, 126, 127, 137, 138, 140, 144, 152, 156, 157, 162, 188, 189, 191, 196; shutterstock: 22, 115; Fotolia: 83, 178, 184

Zitatnachweis: Alle Osho-Zitate
© Oshu International Foundation, www.osho.com

© **alle Liedtexte**: Prabhu Music Ltd.
Layout, Grafik, Satz: Marthe Kölln, Berlin
Druck und Bindung: Alföldy Nyomda Zrt., Debrecen
Printed in: Hungary

ISBN 978-3-442-34191-7

www.arkana-verlag.de

01 OM – THE COSMIC ‚YES'
© Prabhu Music/Buma Stemra;
composed by Miten/Maneesh De Moor/Manose/Baker
aus dem Album A DEEPER LIGHT

02 OM NAMAH SHIVAYA
© Stemra; composed by Schroeder
aus dem Album DAKSHINA

03 OM SHREEM MAHALAKSHMIYEI NAMAHA
© Prabhu Music; Traditional
aus dem Album MANTRAS FOR PRECARIOUS TIMES

04 OM TARE TUTTARE
© Buma/Stemra; composed by Praful
aus dem Album EMBRACE

05 OM PURNAM
© Stemra/Sony/ATV Music Publishing UK Ltd.;
composed by Schroeder
aus dem Album DAKSHINA

06 OM NAMO BHAGAVATE
© Buma/Stemra; composed by Praful
aus dem Album EMBRACE

07 OM TRIAMBAKAM
© Prabhu Music; composed by Manose
aus dem Album A DEEPER LIGHT

08 LOKAH SAMASTA
© APRA/AMCOS; composed by M. Done
aus dem Album SOUL IN WONDER

09 GAYATRI MANTRA
© Prabhu Music; composed by Deva Premal and Miten
aus dem Album THE ESSENCE

10 OM GUM GANAPATAYEI NAMAHA
© Prabhu Music; Traditional
aus dem Album MANTRAS FOR PRECARIOUS TIMES

www.DevaPremalMiten.com